名师成长书系

新时代教育的
行与思

赖艳红◎著

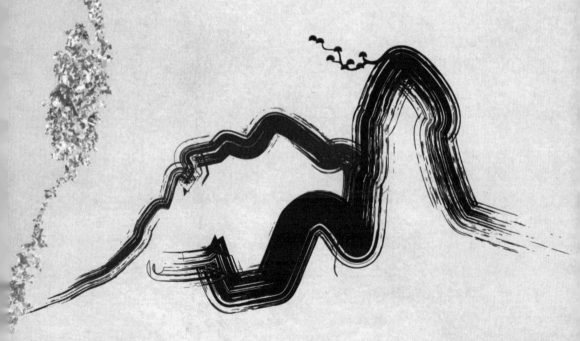

黑龙江人民出版社

图书在版编目（CIP）数据

新时代教育的行与思 / 赖艳红著 . — 哈尔滨：黑
龙江人民出版社，2022.7

ISBN 978-7-207-12770-9

Ⅰ . ①新… Ⅱ . ①赖… Ⅲ . ①教育管理—研究
Ⅳ . ① G40-058

中国版本图书馆 CIP 数据核字（2022）第 123339 号

责任编辑：张　薇
封面设计：智诚源创

新时代教育的行与思
XINSHIDAI JIAOYU DE XING YU SI

赖艳红　著

出版发行	黑龙江人民出版社	
地　　址	哈尔滨市南岗区宣庆小区1号楼	
网　　址	www.hljrmcbs.com	
印　　刷	武汉颜沫印刷有限公司	
开　　本	787mm×1092mm	1/16
印　　张	12.75	
字　　数	200千字	
版　　次	2022年7月第1版	
印　　次	2022年7月第1次印刷	
书　　号	ISBN 978-7-207-12770-9	
定　　价	46.80元	

目 录

第一篇

基础教育发展变革与国际教育前沿

基础教育在一个国家有着特殊的地位，基础教育是高素质人才培养的基石，也是社会整体文化素养提高的重要手段。我国当前正在推进基础教育发展与变革，新课程改革、核心理念教育、素质教育等诸多教育方式，纷纷成为我国基础教育发展的关键词。若想真正了解基础教育发展与变革，就必须将其与社会发展、民族复兴结合起来思考，将其放在更加宏大的文化视野中观察，从而探索基础教育的价值。世界上的其他国家，尤其是发达国家的基础教育改革，也对我国基础教育发展有一定的启示价值，值得探索研究与借鉴。

第一章

中华民族伟大复兴与教育发展

在我国，要想适应社会主义现代化建设的需要，就要全面落实"立德树人"的教育根本任务，培养有理想、有道德、有文化、有素养的社会主义新人，提升人们的思想政治素养和科学文化素养。人才的培养，以及全体社会民众文化素质的提升，一般是通过教育实现的，包括学校教育和社会教育。通过教育，国家可以培养更多优秀的人才，从而促进中华民族的伟大复兴与发展。

第一节　教育推动我国社会发展与进步

我国现阶段正处于社会发展的转型时期，教育要追上时代的脚步，适应社会变化并进一步促进社会发展。因此，要保证中华民族屹立于世界民族之林，促进中华民族伟大复兴，实现社会主义建设的伟大事业，则需要充分认识到教育的意义并发挥其作用。

一、教育成为推动社会生产力发展的动力

教育对社会经济发展的巨大影响是通过两种途径实现的，首先，教育为社会生产力的发展奠定基础，发展生产力。社会科技、经济与文化发展要求提高社会成员的思想、智力水平，而教育可以提高整个社会阶层的文化素养水平。其次，生产力和经济的发展需要大量的专业人才，而教育起着提供专业人才的作用，人才是未来社会科技发展的根本竞争力所在。由此可见，教育既可以提高整个社会的文化认知水平，同时还能够培养大量的优秀人才，因此教育是推动社会生产力发展的重要动力。

二、教育推动社会文化发展

教育是文化传播的重要工具。通过接受教育，普通人拥有基础文化知识，同时也能够创造更多的文化，促进文化的传播。人类是文化的创造者，每一个人首先是文化的继承人，然后是文化的创造者。一般来说，每一代人都为人类文明的发展奉献自己的力量。传递文化，也是教育的历史使命之一。在中国进行伟大文化复兴的历史阶段，教育将在其中起着重要的作用。

三、教育是提高人口质量的关键

教育是提高人口素质的基本手段。教育可以改变教育对象的思想意识、道德素质、知识、能力和工作水平，从而改变人口素质的精神要素。人口质量，是现代社会高品质发展的关键。为了提高人口素质，必须依靠教育。教育的作用不仅在培养人才，更重要的是通过教育提高人民的素质。在中国，教育能够提高全民族素质，使得人口结构更加合理化，从而推动社会稳定可持续发展。

四、教育对社会可持续发展的推动作用

可持续发展要求社会的所有成员明白自己的职责与使命，在可持续发展中，每个人都应该贡献自己的力量，承担起必要的职责。通过教育，国家可以宣传可持续发展理论，促进可持续发展。以环境保护为例，若是没有通过教育传播环保观念，很多普通人根本不重视环境保护，也不懂得环境保护对人类命运，对国家经济，甚至对个人生存的积极价值，自然不会积极展开环保活动。

第二节 教育强国是民族复兴现实路径

建设教育强国是中华民族伟大复兴的基础工程，必须把教育事业放在优先位置，深化教育改革，加快教育现代化，办好人民满意的教育。强国必先强教，教育寄托着亿万家庭对美好生活的期盼。习近平总书记指出，教育是提高

人民综合素质、促进人的全面发展的重要途径，是民族振兴、社会进步的重要基石，是对中华民族伟大复兴具有决定性意义的事业。建设教育强国，对于决胜全面建成小康社会，建设富强民主文明和谐美丽的社会主义现代化强国，实现中华民族伟大复兴的中国梦具有重要意义。

一、建设社会主义现代化强国的必然要求

党的十九大提出了全面建设社会主义现代化强国的宏伟目标，建设教育强国是建设社会主义现代化强国的题中应有之义。邓小平同志在改革开放初期就指出："我们国家，国力的强弱，经济发展后劲的大小，越来越取决于劳动者的素质，取决于知识分子的数量和质量。"回顾历史可以看到，我国教育事业的发展极大地提高了全民族素质，推进了科技创新、文化繁荣，为经济发展、社会进步和民生改善做出了不可替代的重大贡献。习近平总书记强调："'两个一百年'奋斗目标的实现、中华民族伟大复兴中国梦的实现，归根到底靠人才、靠教育。源源不断的人才资源是我国在激烈的国际竞争中的重要潜在力量和后发优势。"党的十九大把"建设教育强国"确立为"中华民族伟大复兴的基础工程"，更加凸显了其在全面建设社会主义现代化强国中的基础性、先导性、全局性地位和作用，为新时代中国特色社会主义教育事业的发展指明了方向。

建设教育强国要优先发展教育事业。教育事业是人才培养的摇篮，是社会发展的基础。教育事业作为最重要的民生工程，关系着社会发展民众福利。在社会发展背景下，人民群众对更高水平、更高质量教育的需求日益增长，因此"办人民满意的教育"就成为现实追求。作为政府，要切实保证经济社会发展规划优先安排教育发展，财政资金优先保障教育投入，公共资源优先满足教育需要，充分调动全社会关心支持教育的积极性，共同担负起培育下一代的责任。同时，要把建设教育强国与国家创新驱动发展战略结合起来，努力为建设创新型国家做出贡献。高素质人才的培养要依靠教育质量的提升，只有实现更高质量的教育，才能培育更多管用实用的高技能人才、创新型人才、高精尖人才，抢占人才竞争制高点，从而赢得未来。我国14亿多人大脑中蕴藏的智慧

资源是最可宝贵的，教育上去了，将来人才就会像井喷一样涌现出来，这是未来中国发展的核心竞争力。因此，我们要推动教育创新，改革人才培养模式，把科学精神、创新思维、创造能力和社会责任感的培养贯穿教育全过程，充分发挥我国宝贵的人才资源优势。

二、中国教育发展的必然要求

党和国家历来高度重视教育。中华人民共和国成立后，党和政府积极发展民族的、科学的、大众的人民教育事业，改变了此前文化教育事业落后的状况，培养大批有社会主义觉悟、有文化的劳动者和社会主义现代化建设的骨干力量。为适应社会主义现代化建设需要，党把教育列为社会发展的战略重点之一。改革开放以来，党和国家领导人强调"教育要面向现代化、面向世界、面向未来"，这成为我国教育工作的重要指导思想。20世纪90年代，我国实施"科教兴国"的发展战略，把教育摆在优先发展的战略地位，在此之后又提出了人才强国战略、可持续发展战略等，致力于推动高品质教育事业发展。

党的十八大以来，党中央坚持把教育摆在优先发展的战略地位，对教育工作做出了一系列重大决策部署：修订《中华人民共和国教育法》《中华人民共和国高等教育法》《中华人民共和国民办教育促进法》等，依法治教全面推进；完善以章程为统领的学校内部治理结构，深化"放管服"等改革，取消多项教育行政审批，依法加强督导体系建设，构建政府、学校、社会新型关系有了新进展；推进县域内城乡义务教育一体化发展和高校"双一流"建设，深化考试招生制度改革，拓宽终身学习通道，促进高校毕业生就业；扩大教育对外开放，形成全方位、多层次、宽领域的教育对外开放格局。这些举措有力地推动了中国特色社会主义教育事业全面发展，教育公平状况不断改善，中西部和农村教育明显加强。国家财政性教育经费占国内生产总值始终保持在4%以上，学前教育实现了跨越式发展，高中阶段教育普及水平不断提升，高等教育向普及化迈进，教育总体发展水平跃居世界中上行列。

当今世界正处在大发展大变革大调整时期。世界多极化、经济全球化深入发展，科技进步日新月异，人才竞争日趋激烈。面对前所未有的机遇和挑战，我们必须清醒地认识到，经过几十年的不懈努力，我国教育实现了跨越式发展，"有学上"已经基本解决，但也存在教育事业发展不平衡不充分的问题，集中体现为城乡差距、区域差距、校际差距、群体差距比较大，学前教育、特殊教育、网络教育、终身教育仍是薄弱环节，进城农民工随迁子女、农村留守儿童、残疾儿童等特殊群体平等受教育权利还需进一步提升保障等。基于此，我们要坚持问题导向，准确把握我国社会发展新时期对教育工作提出的新任务、新要求，在新的历史起点上、在更高水平上办好人民满意的教育，实现从教育大国到教育强国的战略性转变。

三、坚定"四个自信"，建设教育强国

建设教育强国面临不少困难与挑战，我们要着重做好以下几方面工作。

第一，坚定新时代中国特色社会主义教育自信。教育现代化首先是教育理念的现代化，我们要吸收人类文明发展的一切优秀成果，但不能跟在他人后面亦步亦趋，依样画葫芦，要立足中国国情，扎根中国大地，遵循教育规律，坚持改革创新，办好中国特色、世界水平、人民满意的现代教育。我们的教育改革要在深刻认识社会主义制度优越性的基础上，坚定中国特色社会主义道路自信、理论自信、制度自信、文化自信，顺应时代发展和社会需要，坚持社会主义办学方向，全面加强党对教育工作的领导，牢牢把握新时代中国特色社会主义的根本要求，推动中国教育越办越好、越办越强。

第二，社会主义教育的核心是立德树人。党的十九大报告指出："要全面贯彻党的教育方针，落实立德树人根本任务，发展素质教育，推进教育公平，培养德智体美全面发展的社会主义建设者和接班人。"这就从根本上回答了"培养什么人，怎样培养人，为谁培养人"等涉及教育发展的一系列重大问题，是推动新时代中国特色社会主义教育事业发展的指导原则。在新中国教育发展的历程中，尽管教育内涵不断丰富发展，但培养社会主义事业建设者和接班人一直是我国教育坚持的目标。党的十八大提出把立德树人作为教育的根本任务，并纳入了2015年修订的《中华人民共和国教育法》，为培养人才指明了方向。在社会主义事业建设者和接班人的素质要求中，我们必须把德育放在首位，立

德才能树人，如此培养的人才既有高度的道德素养，又有建设社会主义的真实本领。同时，必须坚持正确政治方向，要用习近平新时代中国特色社会主义思想武装广大师生，牢固树立为共产主义远大理想和中国特色社会主义共同理想奋斗的信念和信心，做社会主义核心价值观的坚定信仰者、积极传播者、模范践行者。

第三，以人民为中心推动教育事业发展。办好人民满意的教育，充分体现了教育事业的人民性内涵。我们要坚持以人民为中心的发展思想，着力解决好教育发展不平衡不充分的问题，不断满足人民群众在教育方面日益增长的需要。一要促进教育公平、提高教育质量，推动城乡义务教育一体化发展，提高农村义务教育水平，促进城镇教育资源与农村共享，充分彰显教育权利公平和机会公平。二要办好学前教育，扩大普惠性学前教育资源，提高保育教育质量；办好特殊教育，更好保障残疾人基本教育权利；办好网络教育，探索网络化、数字化、个性化的教育体系，增进优质教育资源共建共享，以教育信息化带动教育现代化。三要普及高中阶段教育，提高职业教育质量，促进高等教育内涵式发展，支持和规范社会力量兴办教育，培养高素质教师队伍，加快建设学习型社会。尤其是在贫困地区扶贫扶智，让孩子们接受良好教育。四要坚持以学生为中心推进教育教学改革，把人的全面发展作为衡量学校办学水平的主要标准，把适应社会需要作为衡量人才培养质量的核心指标，增强学生的社会责任感、学习能力、实践能力、创新精神，营造全面发展、人人皆可成才、终身学习的健康教育生态。

第二章

新时期的中国教育改革与发展

中国教育改革首先应该是思想理念的改革；其次是教育制度的改革；最后才是行为的改革。改革的思路是，首先应该明确和正视存在的现实问题；其次要寻找和分析问题存在的原因；最后才是研究和探索解决问题的办法。教育乃一种有目的、有意义和有组织的培养人的社会实践活动，其本质就体现在"有目的"的终极意义和"育人"的最高目标上，即如何把一个具有"动物性"的人通过教育和引导而使他成长为一个"正直的""善良的""能判断是非"并具有责任感和使命感的"人"，这是教育的全部真谛之所在。任何时候、任何环境下，"教"与"育"都应始终关注人性的培养、人格的熏陶，这亦是教育的精神与灵魂之所在。

第一节　传统教育向现代教育转变

近年来，我国教育事业得到深入发展，教育学主体意识的萌生与觉醒，传统教育模式遭遇挑战。在这种发展形势下，如何探索出新的发展出路成为教育工作者们值得思考和探索的问题。同时，面对这种形势，传统的教学模式显然已经满足不了需求，而创新方法和内容，向多元化和教育人本化发展成为当代基础教学改革的重要途径，这也推动当代教育学向着培养核心素养等方面发展。当代教育教学改革必须立足于创新，与时俱进，与教育事业发展同步。

一、国内教育教学存在的突出问题

目前我国基础教育存在一些问题：学生厌学，学习兴趣不强，达不到学生全面发展的要求；教师疲倦，缺乏职业成就感，缺乏职业幸福感；此外还有课堂教学效率不高等问题。我国基础教育的现实问题可以概括为如下三个具体方面。

第一，学生全面发展、个性发展和所有学生的共同发展之间存在的矛盾。在基础教育中，全国教材的统一性特点突出，不少教师使用同一套教材和教学指导书，然后进行同样方式的备课，用同样的教学内容来教育个性迥异的学生，难以满足全体学生的知识、情感、态度、价值观的诉求，无法真正实现学生的全面发现与个性发展。

第二，教师专业成长和职业幸福感的问题。教育事业迅速发展，教师需要不断充电才能够跟上教育发展的时代步伐，但是教师本身教学任务繁重，部分地区的教师待遇不高，导致教师无心努力成长，缺乏职业幸福感。很多教师觉得很累，根本体验不到教书育人的幸福，这对教育事业发展是不利的。

第三，学生的素质和应试水平难以共同提高的问题。在应试教育和升学压力下，在课堂教学中，教师的独角戏，填鸭式的满堂灌，海量的课后作业，占据了学生的大部分时间，根本无法培养学生创新能力与实践能力，核心素养虽然理念先进，但是在实践过程中践行起来并不容易。学生学得很苦很累很无效，更谈不上核心素养教育。

二、国内外教育变革的新动向

（一）教育部原部长陈宝生："课堂革命"

教育部原部长陈宝生指出：始终坚持以学习者为中心。为不同层次、不同类型的受教育者提供个性化、多样化、高质量的教育服务，促进学习者主动学习、释放潜能、全面发展。课堂教学改革需要坚持的"一个中心，两个基本点"：一是以学生为中心；二是坚持素质教育在课堂；三是坚持教为学服务。坚持内涵发展，加快质、量的提升与转变。抓教育质量，坚持回归常识、本分、初心、梦想。

课堂作为教育的主战场，是素质教育的抓手。要把掌握知识与提高能力、培养品质、构建健全人格统一起来。课堂教学改革必须包括而且一定要找到素质教育在课堂的正确途径。课堂革命的总的原则：以人、以生、以学为本。

（二）教育家陶西平先生："当代世界教育教学改革六大新动向"

1. 从"全民教育"到"全民学习"

教育有阶段性，而学习则是终身的。教育有适龄要求，而学习则是全民各个年龄段皆可以。由于改造经验必须紧密地和生活结为一体，而且改造经验能够促使个人成长，杜威便总结说"教育即生活""教育即生长"，教育即为"经验改造"。作为一个老师，一定要永葆热情，学生会看到你的这份热情，这样你才有资格唤醒学生奋发向上的渴望。学校、家庭和社会环境要能联手激发全民心中学习的渴望。

2. 从以课程为中心到以学生为中心

区别于传统教育模式下的"课堂中心""教材中心""教师中心"的"中心论"，教育学家杜威提出了"学生为中心""活动为中心""经验为中心"的"新三中心论"。我们提倡这样的学生观：学生是教育的主体。因为教育的根本目标是立德树人，培养人是教育的核心任务，因此学生才是教育的主体。第一，以学生为中心。一切从学生出发，我们做任何工作必须考虑学生，这是教育工作的出发点。"预习"和"展示"两个环节体现着以人为本的教育观念。第二，坚持教为学服务，也就是教师为学生服务。填鸭式的满堂灌教法已经不能满足全体学生的全面发展。必须建立教是为学服务的理念，所有的教必须服从服务于学，构建一个以学为中心的课堂行动模式。老师应该和学生成为一体，"我们是作为同一支队伍在战斗""我们的目标就是让自己变得优秀"，必须让学生有这样的感受，觉得老师跟他是一起的。总之教师是学生学习的服务者。

3. 从以能力为导向到以价值观为导向

新加坡的教育导向不断更新：从 1959 年的"生存导向"，到 1979 年的"效率导向"，再到 1997 年以后的"能力导向"。2011 年 9 月 22 日，新加坡教育部长提出"学生中心、价值观导向的教育"。以学生为中心、关注全面教育、强调价值观和品格发展。

老师应该告诉学生：如果学生看不到希望，老师可以给他。老师要把自己的爱和知识融合，用自己的热情去完成育人的目标，实现价值导向。

4. 从知识授受到创新精神

深化基础教育人才培养模式改革，掀起"课堂革命"，努力培养学生的创新精神和实践能力。教育和教育家都是时代的产物。在社会不断发展的进程中，教育会面临许多新的问题。在社会的转型期，根据原来的教育体制、理念、方式培养出来的人，普遍难以适应社会转型新的需求，就必然有反馈力促使教育的转型。

5. 从信息工具的使用到教学模式的改变

第一，信息工具融入教学中已经成为趋势。教育信息化是教育现代化的重要标志之一，面对信息时代的挑战，加强教育信息化的研究，不断提高教育技术的开发水平，不断探索教育信息化的有效途径，不断消除教育信息化过程中产生的问题和疑虑，不断加强教育信息化的国际交流，都成为需要迫切研究的问题。当然，技术可以放大杰出的教学，但是再伟大的技术也不能代替平庸的教学。

第二，面对信息时代的挑战，突破传统教育技术，提升信息素养就成为教师发展的关键和创新的动力。各种信息技术教学手段，多媒体、交互式微课、直播教学、网课、慕课等，都开始深度渗透到基础教育领域。

6. 从单一测评到综合评价

教学评价应该以学评教，以学定教，以赛促教，以学助教。教育观念的革命带来教育方法、教育行为的革命。要在鼓励学生的同时也要坚持课堂规则。围绕基础教育总体目标进行的课程改革，必须列为重点工作来抓。课程问题是学校建设的根本，是教育质量的关键。课程改革已成为世界各国教育理论与实践改革的关注点、争论点。这些争论包括课程的价值取向、定位、目标、构建、实施、评价、教师队伍的建设等。课程是教育技术问题，也是教育发展必不可少的工具。突破传统观念的束缚，课程对实现教育的总体目标起着更大的推动作用。

教育导向的变革，传统教育向现代教育的转化，相对聚焦在以下关注点：以全民学习为重点、以学生为中心、以价值观为导向、培养创新精神、信息技术的应用、教育质量的评估。改革教育是为了提高教育质量、提高内涵建设、办出学校特色、培育人才。教育变革是为了教育目的的实现。学习是学生自己的事情，学习必须身体力行。学习必须尊重学生的规律和方式进行。所以教师要把教授知识的课堂变成活动的乐园，引导学生积极自愿地投入活动，在生活、成长和实践中获得经验和进步。

第二节　关注人的多元化教育发展

基础教育，作为造就人才和提高国民素质的奠基工程，要突出其基础性。基础性就是要追求教育的宽度、厚度和牢固度，要为孩子的一生发展打下坚实的基础。基础教育需要全面和扎实，基础教育办学需要遵循其基础性这一规律。同时，基础教育还应实现其个性教育的功能，基础教育要为每一个孩子的发展奠基，需要在办学中体现因材施教的原则，让每一个孩子的个性、特长都得到适合的发展。基于以基础教育的基础性和个性发展本质特点，我们基础教育阶段学校的特色教育也应遵循全面、个性的本质特性规律，需要符合基础教育阶段教育规律的多元化的特色教育。

多元化的特色教育也许是条能走得远的新路。一所学校特色里的精神文化可以统一成"一"，但特色项目不可统一成"一校一品"，而是在学校文化下的多元特色发展趋势。特色教育要遵循教育规律，并为其个性教育服务，基础教育阶段的学校需要的特色教育应该是多元化的，多元化的特色教育在特色项目发展上要体现其多元性。

首先，根据孩子们的发展规律来定特色发展项目，要落实基础教育的基础性就要让特色教育也变得注重基础性来，不要追求特色教育的"高、新、奇"，要降低入门门槛，以培养兴趣为主要目的，要全面扎实发展特色教育；不要让大人决定孩子们的兴趣项目，而要让孩子们根据自己的喜好和特长去选择兴趣项目。

其次，根据孩子们个性来定特色发展项目，要在特色教育上充分体现有教无类、因材施教等教育思想，学校特色项目要照顾全体学生的不同特点的发展，全校不要"独好一味"，造成"偏食"。要让孩子们多一些选择的机会，让孩子们多一些体验不同领域的机会，让孩子们多一些丰富的经历，不要让他们的童年过早地在强加的单一乏味的所谓的"一校一品"中度过。

学校不应过分关注项目特色，而应关注项目的教育特色品质和育人特性品质。让特色教育更基础性些、优质些、丰富些、更适合孩子些、更具育人的发展性些，这是特色教育的教育目标，而多元化的特色教育更能达成这些教育目标。

下面展示不同教育工作者（校长）在以生为本的多元教育发展之路上的发展，以及对新时期教育的理解，从而为新时代教育改革发展提供一些启示。

明德笃行　甘为桃李尽芳菲

梅州市蕉岭县蓝坊镇中心小学　汤喜梅

怀揣儿时的梦想，三尺讲坛耕耘二十三载，就读师范院校时"德高为师，学富为范"的校训时刻鞭策我：立德树人是教育的核心任务，也是教师的光荣职责。教会学生学习是重点，教会学生做人是关键，教会学生如何成为社会需要的人才是核心。孟子曾经说：教者必以正。可见，教师素养的厚度，决定了学生发展的高度。我明白自己任重而道远！

习近平总书记寄语教师，做出这样的指示：广大教师要做学生锤炼品格的引路人，做学生学习知识的引路人，做学生创新思维的引路人，做学生奉献祖国的引路人。这正是要求我们要用自己独特的人格、渊博的知识、精湛的技艺与无私奉献的精神引领学生健康成长，成为新时代"四有"好老师是我们永恒的追求。

一、厚德修为，率先垂范，做学生锤炼品格的引路人

《资治通鉴》有云："经师易得，人师难求。"以精湛的专业知识传授他人并不难，而能以高尚的人格修养去教人做人不易。然而教师是学生的一面镜子。我们每天近距离接触学生，言行举止反射给学生的是什么呢？是与同事相处时的儒雅文明、与人为善；是讨论问题时的谦逊谨慎、虚怀若谷；是对待工作的扎实勤勉、精益求精……以德立身，以德立教，以高尚的人格感染学

生，以整洁的仪表影响学生，以和蔼友善的态度对待学生，以丰富的学识引导学生，以博大的胸怀爱护学生！为师者先善其德。《论语·子路》中，孔子说："其身正，不令而行；其身不正，虽令不从。"身教重于言教，在日常的教育教学中，我们要求学生做到的自己应该率先垂范，做学生的表率！比如：要求学生弯弯腰捡起纸屑，自己应该主动做到；要求学生每天坚持阅读课外书，自己也应该成为阅读的爱好者并与学生一起分享自己的收获和看法……实际行动才是最响亮的语言。忘不了，课堂讨论时自己一个肯定或赞许的眼神都能让学生兴奋一整天，也忘不了，自己因为一时没有管理好自己的情绪让学生忧心忡忡，如坐针毡！教师的喜、怒、哀、乐成了学生心情的"晴雨表"！每每至此，我便感到身为教师的欣喜、压力和责任。

立足科技迅猛发展的时代，我们要发挥课堂主渠道的作用，提升思想教育亲和力和针对性，满足学生成长成才需求和对社会价值观的期待。通过寓教于乐的方式，让学生形成一定的辨别是非的能力，在他们"一张白纸"里描绘真、善、美的图画，分清假、丑、恶！引导学生学会抵制身边各种诱惑，学会冷静处理问题，正确看待社会上一些事情。用教师的权威和人格魅力去影响、引导学生养成正确的"三观"。我们用行动、用执着、用坚守、用人格，陶冶学生情操，锤炼学生品格，学生以师为镜，锤炼自我。

二、强化学习，精益求精，做学生学习知识的引路人

要给学生"一杯水"，我们不能止步于"一桶水"，应牢固树立"终身学习"的理念，使自己成为一渠长流常新的"源头活水"！工作之余，保证给自己"充电"，不断扩大自己的视野和提高认知水平，用最先进的教学理念引领自己的教学，将最新的知识体系奉献给学生。通过持之以恒的学习，教师会拥有扎实的知识功底，过硬的教学能力，勤勉的教学态度，科学的教学方法。学校启动的强师工程：新课程理念培训、教师基本功"三字一话一画"的锤炼、校本研修、班级管理培训、多媒体使用培训、继续教育研修培训、读书征文、科研课题等活动，这些都在提升教师的专业水平和综合素质，为教学相长保驾护航。我们勇立时代的前沿，用自己渊博的学识，用灵动的课堂教学艺术去吸引学生，努力成为学生喜欢的睿智之师，给学生"传道、授业、解惑"，为学生的幸福人生奠基，让学生拥有终身学习和成长所需的知识和能力。作为教师，做好学生求知路上的引路人是天职，也是责无旁贷的。

三、活动育人，提升能力，做学生创新思维的引路人

当今社会所需要的人才，不仅是知识、文化的传承者，更是社会的开拓者、创新者。没有创新能力不算真正意义上的人才，能立足于社会，能创造物质财富或者精神财富的人才才是我们教育工作者人才培养的终极目标。学校在日常的教学和管理中锐意进取、开拓创新，引导学生们寻找新思路，确立新观念，开拓新境界。从第一课堂落实课改到第二课堂的社团组建，从精心布置校园育人环境到各科各项活动的开展，无不彰显我们对学生个性与特长发展的尊重。学校艺术节、体育节、合唱节、科技节、读书活动、运动会开幕式……此间，我们每一位教师以主人翁的姿态，高度敬业、奉献的精神各显其才，各尽所能，上下求索，孜孜不倦，致力于学生创新思维的培养。我们坚持活动育人的原则，让学生在活动中启智，在活动中构建知识，学以致用，学会创新！

四、培养民族自豪感，做学生奉献祖国的引路人

我们作为教育工作者，教育学生热爱祖国，是自己应尽的教育职责。平时的教育教学活动中，我们可以结合时事、政治、社会热点问题，注重向学生渗透爱国主义教育。譬如：组织观看奥运会、每周举行升旗礼仪式、举办国防教育讲座、宪法知识竞赛、举行"祖国在我心中"师生书画比赛、普及社会主义核心价值观、组织军训夏令营活动、召开主题班队会，这些学生喜闻乐见的活动让学生切切实实感受到祖国美丽、富饶；牢记祖国的历史；懂得有国才有家，为自己是中国人而自豪，从而培养学生的民族责任感和历史使命感。引导学生从身边的小事做起，培养家国情怀，怀揣梦想和志向，立志报效祖国，做学生奉献祖国的引路人。教师热爱教育，乐于奉献正是情系祖国，爱国的具体表现。这种影响无处不在，无时不有，潜移默化，持久深远。

众所周知，教师是平凡而伟大的。平凡在于：一支粉笔，两袖清风，三尺讲台，四季耕耘；伟大在于：教师悉心培育的是祖国的未来，是社会的希望。身为人师，职业自豪感与使命感，促使我不断完善自己，充实自己。虽物换星移，可亘古不变的是教师立德树人的情怀和甘为桃李尽芳菲的奉献精神。

优化课堂教学　提升学生素质

梅州市五华县歧岭镇中心小学　孔庆林

课堂教学是实施素质教育的主渠道。在教学实践中，只有优化课堂教学，减轻学生负担，才有可能合理调节教学过程，使教学处于动态的平衡之中。教育家叶圣陶先生曾经说过："教师当然须教，而尤宜致力于导。导者，多方设法，使学生能逐渐自求得之，卒底于不待教师教授之谓也。"教师只有不断更新教学思想，改进教学方法，采用最佳的教学策略，促使课堂教学实现最优化，才能全面提高教学质量，培养学生素质。

一、创设意境，营造学习氛围

在课堂教学中，正确引导小学生的好奇心，可以使学生得到"知之而后快"的满足，产生强烈的求知欲。针对小学生这一特点，在讲授每一节课时，我很注重课前的引入，创设生动、愉快的意境，诱导学生的好奇心，激发学生兴趣。比如，在讲授"比和比例"时，我首先提出："你能根据这幅地图算出学校到广州的距离究竟有多远吗？"又如在讲授"圆锥体的体积计算"时，提出这样有趣的问题："假如不用磅秤，怎样才能算出这圆锥体稻谷堆的重量呢？"……通过这样的设疑、引诱，学生急于解决问题，情绪尤为高涨，使课堂一开始就形成了一种学生积极获取知识的乐学环境。借助小学生的这种固有的心理特点，课堂教学已收到较好的效果。

在传授新知识时，要重视学生的情操，因为学习的积极性与求知欲都是跟活生生的情绪有机地联系着的。如果只重视结果，而忽视教学方法，必然使数学课变得枯燥呆板，教学效果必然不理想。如在讲授被2、3、5整除的数的特征时，如果急于讲授它们的特征，学生"吃"起来必然无"味"。但是，如果先由学生任意说出一个自然数来，教者立即判定它们是否能被2、3、5整除，并当场一一验证。学生们都把教师当作"活神仙"，迫切要求传授其中的奥秘。这样，学生的学习激情一下子高涨起来，在惊讶之中总结出规律。

因此，教育一刻也离不开情感，如果在教学中创设情境，激活学生的内动力，就能促进学生全面发展，提高教学质量。

二、着力点拨，提倡勤探多思

学生是学习的主体，在传授知识时，不能靠教师的"灌输"。要使学生养成肯学、肯钻的好习惯，就必须充分挖掘教材内容中蕴含的智力因素，有目的地给学生点拨解题思路，把学生的思维引向新的境界。

我十分重视引导学生从各个不同的角度分析题目中的数量关系，从中导出多种解题思路。有些题目还可以利用图形的特征这一优势，提高学生的逻辑思维和空间想象能力。如在讲授长方体表面积时，学生会很快推导出：（长 × 宽＋长 × 高＋宽 × 高）×2。是否还有别的办法可以求出它的表面积呢？学生拿着自己课前准备好的长方体纸盒，一边观察，一边动手操作，教室里一下子议论开了。结果，有位学生回答说："可以这样算：地面周长 × 高＋长 × 宽×2"。还有些同学不明其理，他就一边解说一边把自己心爱的长方体拆开演示给同学看。这样，学生学得主动、活泼，发展了空间观念，发展了思维，加强了对概念的认识，教学效果理想。

三、重视操作，引导主动参与

学生是学习的主体。课堂教学就要为学生创造和提供自主学习、自主活动、自主发展的条件和空间，让学生在实践中获取新知识，而不是把知识强行灌输给学生。如果教师能经常为他们创设一个实践操作的环境，让他们动手摆一摆，弄一弄，这不仅符合儿童的认识规律，迎合儿童"好奇、好玩、好动"的心理需要，也能让学生通过实践操作有所发现，找出规律，逐步形成实践求知的意识。

例如：在教学"三角形的内角和"时，我先让学生测量一个任意三角形的三个内角之和，再要求把这个三角形剪成两个较小的三角形，测量计算其中一个小三角形的内角之和，通过对比，学生就会发现"大三角形的内角和与小三角形的内角和相等并且都是180°"。这时，我提出疑问："是不是任意一个三角形的内角和都是180°呢？"学生带着问题一边思考，一边动手，分别用课前剪好的一个锐角三角形、一个直角三角形、一个钝角三角形纸片做实验，把每个三角形的三个角撕下来拼在一起，结果都可以拼成一个平角。学生在轻松愉快的动手过程中，得出结论："任意一个三角形的内角和都是180°。"这样，学生在动手中思考，在思考中动手，他们的实践能力和创新能力都得到了发展和提高。

四、注重反馈，优化课堂练习

教学不但反映教师的教，而且反映学生的学。教师教得如何，归根到底还是看学生学得如何。在课堂教学中，还必须注重信息反馈，精心设计练习，才能了解学生掌握知识的程度，有利于全面提高教学质量。

练习题的编写，要注重一些新颖有趣的题目，新奇的刺激物可以引起学生的兴趣；注重"一题多解""一题多变"的训练，才能更好地掌握应用题的结构特点，沟通知识间的联系，避免学生对知识"生搬硬套"，促进学生掌握灵活运用知识的技能。为了巩固圆柱体体积这部分知识，我把一只圆柱体水桶放在教坛上，让学生想一想，它的容积是多少？讨论后，提问"没有数据应该怎么办？测量什么？"根据个别学生的测量结果再进行计算。这样的练习，可以使学生在操作中，手、口、脑得以有机结合，既使学生巩固了新的知识，又培养了学生分析问题、解决实际问题的能力。

因此，课堂练习是巩固新课的重要一环，是学生从认识到学会，进而形成技能、技巧的一个必要过程；它还有利于激发学生的兴趣，集中学生的注意力，启迪学生的思维。

几年来，我一直抓住课堂教学这个环节，优化课堂教学，减轻学生负担，提高学生素质，变教师的讲为导，变学生的听为探，变结论教学为过程教学，收到了较满意的教学效果。

第三章

国际基础教育发展趋势探讨与启示

各国和各地区社会综合发展水平不同，基础教育的发展也在国家或地区之间存在差异。了解世界基础教育的发展现状，面临的问题与挑战，以及其他国家已经或正在采取的对策，有助于我们开阔视野，促进我国基础教育的改革与发展。尤其是发达国家的基础教育经验与教训，值得我们思考与借鉴。

第一节 当代国际基础教育发展现状与趋势

基础教育，作为造就人才和提高国民素质的奠基工程，在世界各国面向21 世纪的教育改革中占有重要地位。目前世界上大部分发达国家都普及了基础教育，发展中国家也正在努力普及基础教育。同时对于教育发展水平相对较高的发达国家来说，教育更注重学生的个性化发展，强调能力发展。基础教育在世界范围内的快速发展，表明了世界各国为此做出的巨大努力。

一、国际基础教育的发展现状

（一）基础教育的作用受到高度重视

进入 21 世纪，基础教育的作用和意义非同以往，基础教育受到广泛和高度的重视。主要原因在于，一系列日益严重的社会问题，如人口膨胀、环境恶化、贫困加剧、种族冲突等，已经成为制约全球社会发展的主要障碍。而世界各国长期追求的发展模式受到质疑，认为单纯依靠经济发展所带动的社会发展和进步从根本上是脆弱的，如果继续这种发展政策，存在于国家、地区，乃至个人之间的差距将进一步加剧。从更长远的需求和利益出发，转变发展观念，将人的发展置于全部发展行动的中心，扩大经济发展和社会发展的基础，已成为解决全球面临的社会问题的必然选择。

新的发展观念使教育的作用更加突出。1990 年 3 月，在泰国宗迪恩举行的世界全民教育大会最重要的议题就是在全球范围内提出"全民教育"的新概念。在这一新的概念下，此次会议对世界各国基础教育改革提出了新的要求，这就是，满足全民的基本学习需求，仅靠加强现存的基础教育是不够的，它需要一种"扩大的设想"。这种"扩大的设想"要求世界各国在现行基础教育服务范围，除了加强正规学校教育渠道外，提倡有效利用各种非正规教育渠道，以保障每一个体的基本权利。同时，它也强调世界各国必须注重基础教育的质量，即学习者所获得的实际学习结果和所具有的相关性。20 世纪 90 年代以来，无论发达国家还是发展中国家，基础教育均被提到各国的重要议事日程之上，普及和提高成为各国基础教育面临的两大艰巨任务。

在 21 世纪初，核心素养理念在基础教育领域中得到广泛的认可，核心素养是指一个人发展与成长中的关键性能力。虽然各个国家对核心素养的具体内涵定义有所区别，但是重视核心素养理念的教育观点没有变，其目的在于培养更高素质的人，从而促进社会发展。

（二）基础教育的普及程度日益提高

联合国教科文组织近年来对世界基础教育的新进展做了总结，其中包括：学前教育正在发展中国家取得明显进步，第一级和第二级教育的毛入学率继续上升，教育机会进一步扩大。但是，教育机会在国家、地区及男女之间存在的差异依然明显，发达国家与发展中国家，特别是与最不发达国家在第二级教育上的差异相当大。从根本上说，教育上的差异反映了发达国家与发展中国家在知识和人口整体素质上的差距。不过发达国家的基础教育水平较高，但是发展中国家基础教育的普及程度正在迅速提高。

（三）义务教育年限逐渐延长

义务教育年限逐渐延长已经成为世界基础教育的普遍事实。根据联合国教科文组织统计显示，在发达国家中，所有年轻人实际上已经享有至少 11 年的基础教育，只是参与的模式不尽相同。多数国家开始义务教育的年龄为

5—6 岁，完成年龄在 14—18 岁。即便是发展中国家，义务教育的年限也在逐渐延长，中国等发展中国家，义务教育年限基本上在 9 年左右，但是实际上部分地区的基础教育已经达到了 12 年左右，接近发达国家水准。

（四）为适应新的社会需求而调整课程结构

进入 21 世纪，全球处在激烈的社会、政治、经济、文化与技术的变革和发展潮流中，教育为此面临巨大的挑战，而课程结构的调整将直接关系到教育能否适应新的时代要求。发达国家首先起步，从维护本国和长远利益出发，积极进行课程的改革和充实。

强化科学教育首先受到重视。美国科学促进会认为："在下一个人类历史发展阶段，人类的生存环境和生存条件将发生迅速的变化。科学、数学和技术是变化的中心，它们引起变化，塑造变化，并对变化做出反应。所以，科学、数学和技术将成为教育今日儿童面对明日世界的基础。"

加强人文社会科学课程也是一个主要的趋向。21 世纪以来，许多国家认识到，在追求技术文明的同时，继承和弘扬人类传统美德和优秀价值观念同样极为重要。因此，许多国家在调整课程结构的改革中，再次注重对未来社会公民道德、情操和品行的培养，通过伦理、哲学、文学、历史等学科，强调认识和汲取民族的传统文化精华，以民族的、健康向上的文学、音乐、传统文化丰富和充实现代学校课程，以陶冶情操，弘扬爱国主义精神。

另一趋向是围绕世界各国共同面临的社会问题开设实用性和知识性课程。随着信息技术日益深入人们的日常生活，欧美发达国家率先开设以科学、技术和社会为主题的相关课程，不仅将计算机技术作为辅助手段融合到教育教学活动中去，而且，通过计算机网络教会学生了解更新、更广阔的知识世界。同时，许多国家针对当前日益严重的全球环境恶化问题，相继开设环境教育、生态保护等课程。

二、促进教育公平与教育质量发展

促进教育公平、提高教育质量是近年来各国政府深化教育改革的主要内容。据经合组织《教育开放政策 2015》报告显示，目前经合组织各国的改革方案中，约有 16% 的措施聚焦教育公平和质量。许多国家制定优先政策扶持弱势学生或拥有不同学生群体的学校。例如，英国制定了学生教育补助政策，智利颁布了优惠补贴法律，新西兰对毛利人和太平洋岛屿族裔群体进行特别扶持，澳大利亚和波兰也致力于扩大儿童早期教育及护理课程的招生规模并提高其教学质量。

从单国别来看，美国一直是推进教育公平、提高整体教育质量的典范国家之一。为有效推动教育改革，加利福尼亚州于 2014 年起正式执行号称 40 年来最大教育改革的"地方经费分配办法"法案。该法案赋予地方更多教育自主权，核心是打破过去教育经费分配贫富不均的状况，在全面提高学生人均经费标准的前提下，让公立学校和特许学校的教育资源配置进一步均衡，以减少因经济发展程度不均而导致的不平衡现象，改革期限为 8 年。

2016 年 3 月，美国联邦教育部任命新的委员会成员起草《每一个学生成功法》第一款 A 部分两方面的试行条例，取代《不让一个孩子掉队法》。新法将着力促进教育公平，包括要求各州提高所有学生的学习成绩，为升学和就业做准备；在那些低绩效的中小学、低毕业率的高中及学生群体成绩一直不佳的学校开展行动，实现高中毕业率达到 82%、优质幼儿园数量显著增加、超过100 万名非洲裔美国人和西班牙裔学生能够上大学等。2016 年 7 月 27 日，美国联邦教育部面向各州和学区发布了关于《每一个学生成功法》新规定的指南，将重点帮助无家可归的青少年，为这些学生提供稳定、安全和支持的环境，促进教育公平举措务实有效。

自 2015 年 5 月新政府组阁以来，英国教育部明确表态，加快推行学校制度改革，积极解决学校教育公平和质量问题。英女王伊丽莎白二世于 2016 年5 月 27 日发表女王公告，其中涉及教育的内容主要包括：到 2017 年，政府将把对 3—4 周岁幼童的免费托管时间由目前的每周 15 小时增加到 30 小时；新政府将增设 500 所自由学校，额外提供 27 万个入学名额；更多公立学校将接受政府指导，计划将有 1000 所学校转型成为特许学校。高等教育方面，政府额外追加 3 万个招生名额，并将完全取消不同地区的招生名额限制，以确保大学"为所有合格的学生提供充足位置"。此外，政府还将支持创建新的、独立的教师进修学院计划，不断提升教师专业地位，并设置一个新的基金，以推动教师的专业发展。

法国政府于 2016 年 5 月在普利瓦举行的第三届农村地区部长级会议上宣布了多项重要措施：为提高农村学校数字技术的使用率，国家将额外投入 5000 万欧元，用于支持学校基础设施的建设（增加学校无线网络流量）和人机联作电子白板的使用。这些举措能够有效为数字教育计划提供资金支持，相应支持项目将会在 2016—2017 学年推出，并在 2018 年全面展开。此外，法国教育部将会通过签订农村地区公约，继续支持面临招生人数减少趋势的农村地区——目前已有 15 个地区签订了公约，另有 20 多个地区启动了签订公约的讨论。

2016 年 6 月 26 日，德国联邦教育与研究部和各州文教部长联席会议共同发布了新一期德国教育报告——《德国教育 2016》。报告指出，德国教育目前备受关注的问题还是教育公平议题。联邦教研部长婉卡表示，促进教育公平是未来德国教育政策的中心任务。联邦政府原本设定的将每年 GDP 的 10% 用于教育的目标并没有达到，但是现在 GDP 中投入教育的比例已显著提高。2014 年，教育科研经费为 2655 亿欧元，占 GDP 的 9.1%；学校生均经费达到 6500 欧元，比 10 年前增加 33%。只有当政策能保障教育发展所需的资金，并创造良好的条件时，教育才能成为人们融入社会的通道。

荷兰政府也决定进一步改革对学校教育质量的监管方式。目前，虽然荷兰多数学校的教育质量合格，但没有明显提高。从 2016—2017 学年开始，有关教育部门将向各小学发送"质量简报"，"简报"会显示各校的教学水平和不足之处，学校委员会须对学校的教育质量负责，促进学校教学质量的不断提升。

新西兰政府认为，学前教育在促进教育公平方面具有重要影响，因此，在过去 5 年里对学前教育的投入增加了 75%，目前小学入学新生中接受过学前教育的学生占 85.7%。根据教育部的计划，到 2016 年该比例要上升至 98%。另外，政府还鼓励社会、社区、家庭参与提高教学质量，建立透明的公共服务机构和严格的教育审核体系，通过让学生接受灵活的个性化学习，帮助他们在任何教育阶段都能获得成功。

综上所述，国际基础教育受到不同国家的普遍性重视，并且基础教育的年限在延长，同时注重教育的公平化，致力于为每一个公民提供相对优质的、个性化的发展机会，从而推动本国基础教育的发展。

第二节　国际教育发展对中国教育改革的启示

教育改革是一个长期而永恒的话题，我国的教育改革也进行了多年，国际教育改革对中国的教育改革有不可忽视的影响，从教育质量和教育公平，教育权力"下放"，教育的单元化到多元化转变等多个方面进行了探索，并结合不同国家的教育改革经验，推动当代中国教育改革发展。

一、发展趋势探索

（一）由只重教育质量到兼顾教育公平

教育质量的问题，一直以来都是全世界关注的焦点，世界各国在教育改革中都将这一问题列为首要问题来处理。不同的国家、不同的时代对教育质量的理解和认识有所不同，尤其是进入 20 世纪末期，世界各国对教育质量的内涵赋予新的内容，不再是简单强调教育质量如何提高，而是在对教育质量进行高度关注的同时，开始重视教育普及问题和教育公平问题。

关于提高教育质量的手段和方法，世界各国不尽相同，普遍在课程结构、课程设置、师资管理、教学方法、高考制度等方面进行了一系列的改革，虽然各有特色，各不相同，但差距并不太大。在对待教育公平的问题上，联合国教科文等国际组织明确指出："每一个儿童、青少年和成人，都应能获得教育机会以满足其基本的学习需要。"世界各国在此问题上持一致的态度，美国是"不让一个孩子掉队"，日本是"教育机会均等"，中国在《国家中长期教育改革和发展规划纲要（2010—2020）》中确定了"优先发展，育人为本，改革创新，促进公平，提高质量"的工作方针。由此可见，世界各国在实现教育公平的目标上完全一致，但应对方法则因国情不同而有所不同。美国对教育的公平追求主要表现在要不同种族、肤色和不同家庭出身、不同国籍的人都拥有同等的教育机会，日本对教育公平的追求主要表现在教育的普及和教育机会的均等，而我国的国情与日本和美国不同，这决定了我们对教育公平的追求也有所不同，我国主要表现在义务教育的普及、优质教育的均衡发展。

当代中国教育发展的主题就是优先发展教育、建设人力资源强国。要坚持走以促进公平和提高质量为重点的内涵式发展道路，建立健全覆盖城乡的基本公共教育服务体系，促进城乡、区域教育协调发展。政府、教育有关部门和家长都希望通过避免儿童在入学起步阶段遭教育不公和避免学生因经济困难而失学这两项工作的落实来推进教育公平的实现。

教育部为了应对教育不公问题已经明确了解决方案，比如针对择校问题给出的解决方案：加快、加强薄弱校建设，校长及老师流动制度，让优秀的城镇教师志愿到农村学校去任教，免试就近入学原则、教师轮岗制度等。

（二）教育权力"下放"

早在中国的孔子时代，西方的柏拉图时期和亚里士多德时期，教育基本上是通过教师的教和学生的学来实现的，可以说，世界各国的教育在某种意义上来说都是从私学开始的。

就中国而言，从清末到民国，从未出现过以"国家"的名义来垄断教育的现象，直到 1949 年中华人民共和国成立之前，中国私立学校仍然占有很大的比例，仅私立高校数便"占高校总数的 29.8%"。

中华人民共和国成立后，国家开始全面介入教育管理，尤其是高等教育。到了 20 世纪 50 年代初期，国家将所有大学收为国有，私立高校无一例外地全部被改为公立，所有的民办高校从此绝迹。而从教材的编写与发放来看，也有一个演变过程，"从编审合一、一纲一本统编通用的国定制发展到编审分离、多纲多本竞编选用的审定制，大陆教科书制度体现了国家政治、经济由动荡到稳定与开放的变革历程，反映了国家教育由集中、计划、统一、单一的管理模式向多元化与多样化转变的轨迹。虽然国定制因其不能顾及不同地区、不同学生的实际而被否定，但一纲一本统编通用的做法却在当时的历史条件下，为国家统一管理人才培养规格以适应计划经济的要求发挥了作用，并且也为后来的教材建设积累了正反两方面的经验和教训。审定制的确立正是国家正常发展中对人才多样化需求的必然结果，尽管它还存在制度本身的完善和制度操作的规范等一些困难和问题，但沿着多元化与多样化、标准化与规范化彼此结合的思路，审定制教科书制度的改革将不断开展下去"。

20世纪90年代以来，世界各国的教育改革中的"权力下放"略占上风。而随着"权力下放"到省、到地方，教育的"私有化"和"市场化"越来越显化。这两种改革潮流相互促进，加速了国家教育体制改革由"单元化"向"多元化"转变的进程。

事实上，不只是中国，世界各国在教育的权力上，也大同小异地走"中国式"的道路。比如西班牙，在20世纪80年代初期，中央政府的教育财政投入是地方政府教育财政投入的7倍，到了90年代初期，这个比例就变成了2比1，而到了20世纪末期，西班牙的教育地方分权化已经全部完成。墨西哥教育部采取的方式是循序渐进式的"放权"，最后将初级教育的管理权全部转交地方政府。

教育权力的下放，能够吸引更多社会资源进入教育领域，对于推动特色基础教育发展，是有好处的。

（三）由单元化到多元化

"权力下放"和教育的"市场化"和"私有化"加速了国家教育体制改革由"单元化"向"多元化"转变的进程。

美国自20世纪90年代以来推行"私有化"的教育改革，主要目的一方面是在教育领域为选民提供更多的选择自由，另一方面也是向选民宣示促使学校切实提高教育质量的决心。这种教育改革背后的动力，与发展中国家通过"市场化"引入民间资本补充教育投资的动机有明显的不同。

新加坡政府在1987年首先实施了"独立学校计划"，在1993年又出台了"自治学校项目"，教育的改革结果也是将公立学校变为私立，但不同的是改为私立后政府还继续给予资助。

我国在进入20世纪90年代后，教育上也同样鼓励民间投资办学，此间，相继涌现了相当数量的民办学校及民办公助学校，过去的全部"国有"的局面一去不复返，私立学校、民办学校成为当代教育发展的新的有生力量。

教育改革后，由单元化变为多元化，在竞争中有利于教育质量的提高，更便于求学者的选择。

二、国外教育改革经验介绍

（一）日本教育改革

日本重视本国教育的发展，将教育放在优先发展的地位，除了日本政府和教育部门，日本社会舆论也重视对教育的宣传。第二次世界大战后，日本优先实施教育改革，借鉴西方的先进教育模式和理念，由国家统一安排本国的教育事项，对教育进行立法，确立义务教育，加大对教育的投入。这些措施的实施使国家优先发展教育成为共识，并提升为国家战略。优先发展教育的措施也使日本在教育中取得重大成就，为日本企业和政府提供了大量高素质人才。

（二）欧盟教育改革

在欧盟成员国中，大部分国家进行免费教育，或者对教育进行最大程度的补助。很多国家不仅实行免费的基础教育，同时高等教育也免费。此外在学生住宿和交通、餐饮方面实行免费或者补贴。欧盟很多国家也制定了较高的奖学金政策，以此来资助那些品学兼优的学生，学生在基础教育阶段，可以享受各种补贴，从而不存在因为缺乏费用而无法上学的情况。

（三）美国教育改革

美国在教育改革方面重视法律的作用，分别实施了教育税抵免法及教育券等措施。美国政府规定的教育券是指政府将投入学校的教育经费通过某种方法进行折算后，将面额固定的有价证券发放给学生，学生通过所得的教育券自由选择规定内的学校。同时教育券在一定程度上可以抵部分学费。这两种制度的实施使得美国学生拥有选择学校的充分权利，显示了美国教育的公平性和普及性，满足了学生决定学校的权利。

（四）俄罗斯教育改革

俄罗斯教育改革中注重对其他国家先进教育的借鉴。在俄罗斯各项改革中，教育改革始终走在前列，这使俄罗斯成为能够借助教育改革取得重大进展

的少数国家。在进行教育改革的过程中，俄罗斯注重向其他国家学习。在 21
世纪，俄罗斯通过修改《俄罗斯联邦教育法》等先后确立了免费教育、教育补
贴等，使国家在教育发展中起到至关重要的作用，教育过程中强调公有制，反
对教育机构和教育部门的私有化。

三、对我国教育改革发展的启示

（一）制定综合教育培养目标

与欧美国家相比，我国教育改革中缺乏通识教育理念，忽略了欧美国家
教育中提倡的综合能力的培养。在中国教育改革问题分析中我们可以发现，当
前我国教育改革注重专业化教育，因此我国教育改革应该制定通识教育目标，
培养学生的综合能力。为了培养学生的综合能力，我国的教育改革要充分考虑
教学和改革目标实现的规律性和阶段性，重点实施素质教育，从学生本身出
发。这一目标的实现要求国家在教育改革过程中要制定一份完善的人才素质培
养方案，将学生的知识培养与心理、能力、修养的培养结合起来，重点加强对
学生的育人教育，使学生全面掌握自然、社会及人文知识。

（二）课程的重新定位与调整

随着社会的不断发展，专业化教育的弊端越来越明显，专业化的课程安
排偏向只适合科学的灌输，专业划分过细使得学生掌握的知识面太窄，同时还
存在着人才培养素质不高、管理僵化等问题。因此在教育改革过程中要求进行
教育课程和学科的重新设定，在课程设定上更多地体现多元价值观，打破专业
化教育留下的知识面狭窄问题。因此，中国正在调整基础教育领域的设置，让
其更符合当前的育人目标与要求。

（三）教育评价方法优化完善

美国在教育评价体系建设中制定了完善的高等院校专业鉴别标准，包括
教师队伍、学生质量、教学水平、教学设施和设备、教学管理能力等。同时
在教育评定过程中，又制定了详细的评定策略，从申请到视察，最终进行评价
得出结论。因此，我国在进行教育改革时要有更加符合社会需要的教育评价标
准，转变之前教育评价中只重结果而忽略过程的教育评价方法。在教育评价内

容上要建立全面的教育评价对象，教育评价不应该以片面的知识掌握程度和成绩高低进行划分，而应该将与教育相关的要素都考虑进去，包括课程内容、教育方法、教学目标和教育手段等。

（四）注重教师队伍素质提高

要提高学生的知识水平和道德修养，教师承担着重要的责任，教师只有自身拥有了较高的素质，才能为学生素质和能力的提高打下基础。为了提高教师的整体素质，在教育改革过程中，教师要将素质教育作为培养学生的主要教育方式，使教师在教育过程中也能受到教育内涵的熏陶，从而使自己能够进入到素质教育修养中。此外，要对教师进行定期培养，使教师不断接受新的教育理念和知识框架，从而促使教师知识观念的更新，同时师资平台的搭建能够为教师提供更多的教学资源，推动教师的专业化发展。

第二篇

学校管理与文化建设

　　文化是一个动态发展的过程，学校文化也是一个持续变化与发展完善的过程，它随着社会的变化而变化，随着教育的变化而变化。教育和课程改革要表现出应有的自我批判、自我反省、自我超越，对此学校文化必然要反映出来，体现出与时俱进的现代特性。学校管理发展与现代学校文化建设必须紧密结合。一方面学校发展离不开学校文化的建设，另一方面学校文化建设也不是孤立地进行的，它始终和学校发展相伴相随，离开了学校管理发展孤立地进行学校文化建设也是不切实际的，那样做是把学校文化建设虚化、空泛化，那是不可能做好的。

第四章

现代化学校管理体系建设

现代化学校管理体系是一个复杂的系统，它有着丰富的内容。现代学校制度是学校适应现代社会发展的要求，它反映了学校在现代社会发展中的一种学校治理模式的变革。一个学校建立和完善现代学校制度，是实现教育现代化的重要基础。现代化学校管理体系建设是与现代社会发展相适应的一种教育新体制。它着眼于人的全面发展。学校把"以学校为本、以师生发展为本"作为思考与解决学校教育问题的立足点、出发点和归宿，秉承优良传统，凝结集体智慧，贯穿现代思想，确立了"以人为本，让每个师生得到充分和谐发展"的办学理念。现代化学校管理体系明确办学目标和办学思路，实行主体教育模式，关注教师和学生全面、协调、可持续发展。

第一节　教学管理体系建设

学校管理体系的建设与完善，能够保障各项教学活动的正常开展，能够推动学校的可持续发展，而管理体制完善，是学校特色办学和质量建校的必然要求。

规范实施教学管理必须建立合理的科学化的教学管理制度，将行政命令式"人治"变为运用教学规章制度调控的"法治"。着力于规范教学岗位职责、教学规章制度、教学活动指导等。这有利于教学工作的有序化，有效防止教学工作的散漫化，能很好地克服形式主义，有助于形成良好的学风，养成严谨的教风，培育优良的校风。

一、规范教学岗位职责

规范教学岗位职责就是规范教学岗位所要求需要教学人员去完成的工作内容及应当承担的责任范围。责明，则令行。教学岗位职责的规范，能有效地促使教学工作人员各司其职，各尽其责。为此，校长要根据上级颁发的文件及本校的实际，与学校管理层、师生代表共同制定出有利于学校教学工作良性运行的岗位职责。尤其是明确学校教导主任、各教研室主任、各年级组长、各班级班主任、各科任教师等的职责，应绘制学校教学工作的运行图，找出保障教学工作良性运转的关键点，经过调研、约谈等方式，制定出科学的教学岗位职责，合理分工，协同办公，用教学岗位职责来规范教学行为，确保学校教学工作的顺利开展。

二、规范教学规章制度

制度是大家共同遵守的办事规程或行为准则。规范教学规章制度，主要是要明确教学过程每个环节中的质量要求和工作细则。主要包括以下内容：

一是规范教学计划制订，这是全面完成教学任务的有力保障。要立足于学校、教研组、科任教师等不同层面，提出与之相契合的目标任务。

二是规范教务工作规程，这是保证教学正常运转的重要环节。要立足于保证学校教学工作的正常运转，做好教师教学安排、教学工作检查、教学活动观摩、教学成绩考核、教学工作总结等方面的制度建设。

三是规范教学管理制度，这是科学实施学校教学管理的基本保证。要立足于学校教学管理体制，制定好教学人员管理的相关制度，如，教研室的工作例会制度、实验室管理制度、教务处工作条例、学生先进个人表彰等。

四是规范教学研究制度，这是提升课堂教学水平，促进教师专业化发展的有效方式。主要是涉及学校和教研室两个层面的教学研究活动规范。比如，各种方针政策的传达，各种学习理论的研讨，各种教学经验的交流总结，各种教学的创先争优活动等。

五是规范教学质量管理制度，这是教学领导的核心任务。主要涉及三个层面,一是对教师上课质量的考核层面,针对教师备课、上课、作业布置、考试考核等方面的管理制度。二是对学生学习质量的管理层面,针对学生的学习过程和成效提出要求。三是从教学管理的宏观层面提出要求,要求做好教学质量总结工作,既要有学期或学年总结,也要有阶段总结;既要有全面总结,也要有专题总结;既要有学校的总结,也要有教研组、班级的总结;既要有领导的总结,也要有教师、学生的总结等。规范制度制定是基础,确保制度执行才是关键。

因此,校长在教学领导过程中,必须严格执行各项教学规章制度,保证制度的严肃性。一是要端正思想,树立正确的教育观、人才观和质量观,严格执行教学管理制度,切实做到有法可依,有章可循;二是要密切联系师生,引导师生执行制度的自觉性,重视教学过程的领导参与,抓好教学工作基础性环节;三是从严要求,确保制度的实效性,不断完善教学规章制度,提升教学人员素质,在落细、落小、落实上下功夫,努力在教学实践中学习、总结、提高,逐渐从经验型领导向科学型领导发展。

三、规范教学活动指导

规范教学活动指导,校长必须深入教学一线,正所谓"实践出真知",学校校长首先也是教师,要想提高教学水平,提升学校教学质量,必须奉行"从群众中来,到群众中去"的理念,走进课堂,走近师生,实地调研,躬身实践,针对问题做决策,针对工作做指导。

(一)参与教学计划制订

学校教学计划是指导学校教学工作开展的行动纲领。校长参与制订学校的教学计划,实质上就是要做好学校教学工作的顶层设计。具体要从明确教学目标、规定教学任务、明晰教学质量要求等几个方面着手。其中,在制定教学目标时,既要站在全校的角度树立总目标,也要细化到班级层面确定分目标;在规定教学任务时,立足于班级、学科实际,既要做到标准统一,又要因人而异,因材施教,有教无类;在明晰教学质量要求时,要具体落实到学生的考试及格率、优秀率及升学率等指标,分部门和年级进行量化。更重要的是制订的教学计划一定要具有可操作性、可检验性，经得起推敲与论证，否则便是一纸空文，所以，校长务必亲自参与，严肃对待，切忌草率从事，随意而为，做"甩手掌柜"。

（二）坚持践行"三课"制

所谓"三课"，即兼课、听课与评课。课堂教学是"传道授业解惑"的主阵地，是学校教书育人的神圣场所。校长只有深入课堂、深入教学第一线，才能够掌握学校课堂教学的实际情况；只有通过兼课、上课，才能领会到教学的真谛。首先，"兼课"是校长强化自身教学业务素质的有效方式。深入教学前线找准学校教学工作问题，才能更好地研究教学、改善教学。校长兼课不是为了上课而上课，不是为了取代科任教师，弥补人员不足，而是要充分发挥示范引领作用，从实践中找寻改善教学的方法，探索教学改革的思路。同时，校长兼课能很好地同普通师生建立良好感情，融入其中，共建话语体系，最终有利于取得教学领导的话语权和引导力。其次，"听课"是校长了解教学、指导教学的有效途径。校长深入课堂听课，不仅要听本学科范围的课，更要听其他学科老师的课，要提前考察准备，熟知课程标准，要明确听课目的，做好听课笔记，这样才能掌握课堂教学的第一手材料，才能了解学校教育教学工作中存在的整体性和普遍性的问题，给予教师正确的指导和帮助，对全体教师的发展才有积极的促进作用。"没有水平的校长抓门房，有水平的校长抓课堂"说的就是这个道理。最后，"评课"是校长加强学校教学管理、促进教师专业发展的有效手段。校长评课，不仅是对教师教学工作的检查、指导，更是校长教学领导力在课堂教学方面的充分展现。校长评课与学科教师评课不同。学科教师更多的是从学科知识点、教材处理与教学方法的选择上进行评价，而校长虽是某门学科的教学能手或是教学专家，却不可能也没有必要对所有教师进行学科知识点和教法的评价。所以校长在评课时应更倾向于通识性指导。

（三）组织参与重要教研活动

教学研究工作是教师提高教学业务能力的基础，是学校可持续发展与提升的"原动力"。校长要积极组织参与一些重要的教学研究活动，组织和教师们一起共同研讨教学理论，交流教学思想，探讨教学内容，探究教材教法等。良好的课堂实践教学是基础，立足实践进行教学研究活动是提升教学质量的良方。校长参与教研活动，切忌浅尝辄止，走马观花，要脚踏实地，真干实干，通过教师对教学内容、教学方法的交流研讨，达到缩小教师间个体差异、集中教师个体智慧、最终促成共同提高的目的，有利于提高教研活动的实效性，同时对校长自身业务水平的提高也起到很大的帮助。校长每学期都应该结合学校教学工作实际，牵头组织至少两次重要的教研活动，至少应该包括以下几个环节内容。一是采取随堂听课的形式，把脉学校教学工作现状，找准问题，确认研究方向；二是组织各学科带头人搞好示范引领工程，推荐优秀教师代表以教学示范课的形式，分析问题，总结经验；三是指导教师探索教科研模式，总结教科研得失，全面提高教科研水平。从而切实做到知行合一，学思结合，将教学研究活动与提升师资质量、深化教学改革相结合，将实践教学和理论研究相结合。

（四）亲自参与教改项目

关注教学改革就是关注学校教学工作中存在的突出问题。参与教学改革项目就是要参与到将先进教学理念转化为教学行为的过程之中，找到教学工作中存在的问题，寻求解决问题的方法。校长除了立足于学校实际，找出影响教学工作的症结外，还应该亲自主持立项，不管是着眼于微观的单个项目，还是立足于宏观的整体项目，校长都应该切实参与其中，不要只做些一般原则性的指导，而最好是负责有自己学校特色的、价值比较大的、带有普遍性的课题项目。这样，校长就可以与教师们一起调研学校的问题、分析相关现状、寻求改革思路、凝练改革举措，立足实际，制定改革实施方案，最后通过跟踪落实、实施总结等环节，完成教学改革项目，将展示教学领导过程融入参与教改项目过程，通过参与教学改革项目，既找到了学校需要解决的实际问题．又引导教师参与创建特色项目，使教师从被动的接受转变为与同伴之间互动的探索，最终使校长的教育教学思想在潜移默化中逐渐转变为教师的教学观念，有助于提高教师教学水平和学校教学目标的达成。

第二节　课程管理体系建设认知

任何一所学校，都必须重视课程管理体系建设。课程这个词，对于教育者来说并不陌生，不管是课改之前，还是课改之后，出现和使用的频率都很高，但究其内涵，毫不夸大地说，多数教育者并没有深刻理解和领会，以至于对课程这个概念总是云里雾里，似是而非，进一步导致对课程的管理似有似无，有的甚至成了"丈二和尚"。因此，需要加强对课程的认知，并且重视校本课程的开发。很多管理手段和管理行为只是在课程的外围兜圈子，难以切入课程这个学校内涵发展的核心领域，管理效果事倍功半而又难以持久。对于很多学校来说，管理低效或无效的现象已经成为一个十分纠结的难题。课程管理是学校管理工作的核心和主要内容，具体可以从课程管理的定性、定位及定向来着手努力。

一、课程管理定性、定位与定向

（一）定性——课程管理的四个基本思想

1.课程管理的实质与目的是促进学校自主发展、特色发展

现代课程管理理念认为：激发学校的主体活力，形成学校的特色办学是课程管理的追求。因此，我们紧紧把握"促进学校自主发展和特色发展"的实质与目的来推进学校课程管理工作。

2.课程管理的核心与灵魂是学校核心理念与文化精神的凝练

学校课程要充分反映这所学校的办学理念与文化精神。所以，在学校课程管理中，我们以学校核心理念统领全局，使课程承载起学校文化，成为学校文化的主脉，彰显学校的文化精神。

3.课程管理的决定性力量是现代智慧型教师的培育与生成

教师专业发展水平是学校课程管理的决定性力量。在课程管理中，我们提出了培育和成就现代智慧型教师的目标，那就是，学校的教师：追求品质教育的使命与情怀；践行教书育人的爱心与责任；探索教育改革的智慧与灵性。

4.课程管理的主阵地是课程开发与教学创新

学校认真学习和实践现代课程理念，坚持把现代课程和课堂教学的最高目标定位在培养有品质的学校学子上，通过统筹研发学校课程和强化课堂教学创新及其过程管理，积极探索现代教育技术与课堂教学的整合，研究新课改背景下学与教的改革。

（二）定位——课程管理的三个着力点

1.提升课程执行力

提升课程执行力强调的是规范。就是要开齐开足国家课程和地方课程。学校通过课程管理建立起从课前准备、课堂教学，到作业测评等基于教学流程的管理规范，并在过程管理中落实到位。同时还要适度推进校本课程建设，让校本课程成为学校的特色课程。

2.提升文化凝聚力

提升文化凝聚力强调的是共识。课程的研发和实践需要具体务实的操作，课程的研发和执行者是教师，课程管理的过程就是凝聚人心的过程。这既需要全校教师对学校课程的高度认同，达成充分的共识，更需要全校教师达成心灵契约，一起朝着课程规划的蓝图努力，让每一个身处学校的教育者在学校文化的浸润下形成一种教育责任，享受创造与实践的快乐，展现团队的文化凝聚力。

3.提升实践变革力

提升实践变革力强调的是创新。这种变革力是在课程管理的过程中对学校原有课程经验的整合与传承，应学生发展之需、顺时代发展之势而进行的革新与创生。强化课程管理，能够有效提升学校在育人体系、育人模式、课程内容、实施方略、评价手段等方面的实践变革力。

（三）定向——课程管理着重解决的四个问题

1.整合问题

学校的课程建设分解为学科课程、活动课程、隐形课程几块。然而不少学校的校本课程零散、庞杂、琐碎，缺乏系统性的整合。因此我们的课程管理需要着重解决整合问题。研发课程，是把我们原有和现有的工作进行结构化、系统化。在学校现有的学校课程体系基础上，规划了春秋研学活动、朝会、午会、校园广播电视，以及家委会活动的时间，整合了多样的内容。课程让我们的工作更有计划性，充分规划了孩子们在学校的义务教育阶段的学习时间安排。

2. 均衡问题

学校以前的课程呈现出不均衡的特点，国家课程、地方课程和校本课程发展得不均衡，尤其是校本课程的内容结构不均衡。因此，我们需要解决课程均衡的问题，实现课程结构和学生发展的均衡。

3. 选择问题

原有的课程，学生的学习活动是被安排的，缺乏自主选择权。我们发现，学生兴趣爱好和个性特长是有区别和差异的。自主选择性课程的实践，能够有效推进学校素质教育，发展学生和教师的创新素质、实践能力和个性特长。因此，我们需要为孩子的成长提供课程超市，满足孩子的选择。

4. 综合问题

传统的课程强调分科，学科界限明晰。而在现实社会中，我们的孩子常常遇到的都是综合性的问题。因此，我们在课程管理中需要着重解决综合的问题，弥补分科教学的不足。

二、课程管理是学校管理的核心内容

当代部分学校管理在很大程度上偏离了课程，更偏离了课程管理，而不易贴近或走进学校管理的内涵。久而久之，学校管理的成本会逐渐增大，管理层人员烦冗、事务堆积、疲于奔命，学校管理基本上成了事务管理，对事说事、零打碎敲而又不成管理体系，学校的教育功能也就由此出现流失或异化。基础教育课程改革赋予了课程神圣的使命，课程也就成了学校管理的核心，由此学校管理应该出现历史性的转型，也就是由人财物的管理，转变到课程管理。人财物是课程实施的保障，只在保障上殚精竭虑，恐怕课程也会失去核心地位和价值，更不会有内涵发展的出现。

（一）课程是学校管理的基础和支架

如果问起"支撑学校的是什么"，可能会有很多人不假思索地说，是人财物。这种回答表面上看很有道理，并也无可非议。因为没有人财物，学校办学就无从谈起，更不可能提及发展。我估计，有这种回答的人不在少数，其附会者更不在少数，且不知这只是办学条件的支撑。一所学校，人财物齐备了，其发展的支撑点就一定存在了吗？这是一个值得思考的问题。在管理实践中，曾有多少校长感叹和抱怨人财物缺乏，好像人财物具备了，学校发展就能腾空而起，而事实也并非如此。其一，随着社会生活的不断进步和科学技术的不断更新，对于学校的人财物，任何时候都会"没有最好，只有更好"，一般不会出现"顶配"的现象，也就是什么时候都会"缺乏"。其二，即使按照标准配置了人财物，学校管理也未必能真正达到预期目标。目前，一些学校往往用内涵发展做牵引，甚至有的在进行自我标榜，究竟是从办学条件提升走向内涵发展，还是从内涵发展走向办学条件提升，或两者交互并行，其管理思维还是较为混沌。其实，学校管理并不首先在于办学条件如何先进和优越，其根基主要在于课程。打个比方，课程是学校存在与发展的若干个基石和柱子，基石越牢固，柱子也就越直立和挺拔，学校则是由这些基石和柱子所支撑的"一座庙堂"，人财物是配置其中的服务者和维护者。由此可见，课程才是学校管理的对象，并据此衍生出管理架构。

（二）课程建设是学校管理的载体和依托

"开齐课程，开足课时"，这是早于新课程实施，而对课程开设和管理所提出的基本要求，也就是在国家课程"一统天下"的时代背景之下所提出的。那么，何谓"开齐课程"？当然在基础教育课程改革之前，指的是"开齐国家规定的课程"。到了课程改革阶段，实行了"三级课程，三级管理"，也就是国家课程、地方课程和校本课程分级管理体制，这个时候的"开齐课程"，只强调国家课程，已经大大不合时宜了。就课程管理来说，地方课程和校本课程纳入"开齐课程"之列，才能体现新课程的要求。由此引出，如何进行课程建设的问题。要想理解和领会课程或课程建设的概念，必须与"学科"这个概念加以区别。在使用范围上，课程和学科往往是重合的，比如"语文"，既指语文课程，又指语文学科，多数课程与学科如此使用；也有个别不重合的，比如"艺术"，指艺术课程，通常则包括音乐和美术两个学科。"学科"只不过是知识领域的分类，就是不同知识体系的划分，比如"语文"，是关于语言和文字的学问或学说，"数学"是关于数的学问或学说，等等。而课程则是具有教育功能的价值体系，而非固定的知识体系，对于每一课程而言，包括课程目的、课程目标（总体目标、学段目标、学期目标和课时目标等）、课程实施过程与实施标准、课程实施方法等。换个角度说，就是为什么学、学到什么程度、怎么教和怎么学等，都有明确的要求和规定。由此可见，学校里"课程表"的说法实乃有误了，应该是"课时安排表（课时表）"。当今，有些学校管理实践者又提出"国家课程校本化"，这是对国家课程的拓展和延伸，具有非同寻常的价值。各具特色的校本课程开发，是课程体系的一大补充。因此，在课改背景之下，学校管理不能仅从"学科"上绕来绕去，而要从课程起步，集中精力抓课程建设，让学校内涵充分附着在课程上，不然课程就"魂不附体"了，课改也难以为继。学校管理，如果立足于课程，能将教育功能放大；如果立足于学科，只能是知识教学，无从谈起教育功能，更无从谈起内涵发展。

（三）课程管理是学校管理的基础路径

近几年，有些培训机构举办了以"校长的课程领导力"为主题的培训活动，还有些地区开展了以此为内容的督导评估工作，这都无疑助推了学校管理的转型和校长管理思维的转变。但从实践上看，"课程领导力"真正触及校长管理思维的并不多，大都流于肤浅。纵观内涵发展的典型学校，无不是两种情形。一种是校长本身的知识体系和管理思维就是建立在课程管理之上的，同时他们也是新课程的构建者和布道者。另一种是新课程的深刻领会者和坚定践行者，学有所得，学有所用。而对众多的学校管理者来说，后者当属其道。当下，一些学校只抓国家课程的管理已属一种常态，至于对地方课程和校本课程的管理，只是一种应付，开设而不进行管理或疏于管理的亦不少见。其实，课程已经体现了管理的功能，深入挖掘课程的内涵，并踏踏实实地予以实施，管理内涵就能凸显出来，不必挖空心思、搜肠刮肚给自己戴上高高的内涵发展的帽子，这样的自我标榜，其实帽子底下是没有人的。凡是戴着高帽、打着旗号的内涵发展，一般是将课程功能大大弱化而使其大大缩水，其具体表现为，将课程窄化到学科，再从学科窄化到教材。教材无非是个例子，而这个例子不仅不能涵盖学科的全部，更不能涵盖课程的全部。所谓的吃透教材，不能就教材论教材，而要以《课程标准》为本予以吃透。比如，语文课程注重读写能力培养，却总在教材中的字词上死缠烂打；数学强调数学思想的培养，却总在类型题上做文章。这些做法，都是没有进行课程管理或者管理不到位的结果，如何能做到内涵发展呢？对于每一种课程来说，《课程标准》已经提供了方式和路径，其中也包含了文化因素。学校内涵发展，说到底是校园文化的发展，其脉络和分支就是各门类课程。课程管理到位，学校内涵发展也就自然而然地具备了雏形，甚至会有较大程度的彰显。课程也是文化，课程管理既是教育管理，也是文化管理。光有知识传输而缺少文化元素的学校管理，定然不会出现内涵发展。

（四）课程资源是学校管理的主要生发点和立足点

即便有了国家课程和地方课程，也不能顾及学校管理的全部，更不能顾及个性化学校管理的需求。因此，国家规定的校本课程就成了非常重要的补充方式。以上所说的课程、课程建设和课程管理，当然包括校本课程。因地域性、时段性、多样性和特殊性等因素，一些学校的管理内容不能被国家课程和地方课程所囊括，这就需要校本课程所承载。当前较为普遍的做法是，一些新出现的管理内容，都当作事务性的管理内容来运行，头痛医头，脚痛医脚，形成了累加式的管理方式，事事叠加，有些还重合，反反复复，管理效果并未出现根本性的好转，全然没有意识到将繁杂的管理内容以课程形态予以呈现，进而用课程方式进行管理与实施。单纯的事务性管理，就是理顺、规范，而以课程形态予以管理，则是按照内容和特点不同进行归类梳理。这两种管理方式，管理成本和管理效果是大不相同的。差异和不足是最好的课程资源，遍布于校园内部的各种需要管理和规范的信息、资源和意向，是开发校本课程的最佳切入点和有效途径。既可以有正向的，也可以有反向的，正向的予以弘扬，反向的予以引领和疏导，关键是有没有课程意识和课程管理思维。有了这种意识和思维，就会生发出管理内涵的某些节点。比如，安全和卫生工作需要加强，除了教职工必要的岗位管理措施之外，在学生方面应该充分考虑到课程管理的重要价值，通过开发和实施校本课程，逐步使学生从他律走向自律和互律，体现教育功能，增强教育效果，彰显行为文化。习惯于书本知识的学校管理，往往将校本教材完全等同于校本课程，这是一种误区。校本课程大体可分为理论类、实践类和熏染类三种形态，理论类一般以纸质教材为载体，实践类一般以行为规范为标准而不一定有教材，熏染类一般以校园环境中的壁画、雕塑、植物、造型等实物为依托进行熏染。不管哪一类，都属于校本课程。校本课程资源需要发现、挖掘、归纳、提炼和升华，这就是所谓的课程开发。校本资源只是一种存在，不利用是死的，开发并利用起来就变成了活的东西，这种活的东西完全有可能会成为学校内涵管理的生发点和立足点。因此，要把学校内部所有散落的资源和内容，当作课程资源予以对待，适时开发与实施，用课程管理覆盖学校管理。

第三节　校本课程建设与管理

校本课程管理体系的构建，实际上也就是校本课程的开发与实施。对学校来说，校本课程开发有着丰富的意义，内容丰富、形式多样的校本课程开发与实施，既能促进学生个性发展，又能促进教师专业发展；既有助于学校特色文化与教育品牌形成，又能够推动教育的发展。当然，这其中最重要的就是促进学生的个性发展，这也是当代教育最根本的价值目标所在。校本课程必须评估学校、教师和学生的实际需求，并且最后把一部分课程的选择权交给学生，这一程序真正确定了学生的主体地位，体现了学生在受教育中的自主性与自由性。

一、校本课程是课程管理多样化发展的结果

课程是指学校学生所应学习的学科总和及其进程与安排，是学校为实现培养目标而选择的教育内容及其进程的总和，它包括学校老师所教授的各门学科和有目的、有计划的教育活动。课程是教育思想与理念的最集中体现；是实施培养目标的蓝图；是进行教学工作的主要依据。正因为课程在学校教育体系

当中居于核心地位，具有牵一发而动全身的作用，所以课程改革工作做得好不好，关乎素质教育理念能否真正得到很好的落实。

课程改革具体该怎么改，是摆在当代基础教育工作者面前的头号课题。人们在总结过去推行素质教育所积累的经验教训的基础上，发现过去的课程内容，由于完全由国家统一颁布，在课程管理方面存在着过于集中的弊端。长期以来，我国一直采用国家统一的课程设置，全国中小学基本上沿用一个教学计划、一套教学大纲和一套教材，缺乏灵活性和多样性。而课程对象的多样性、复杂性，恰恰决定了课程必须是多样性的，因为即使对同一课程，人们也往往会产生不同的认识，形成不同的课程流派，产生不同的课程表现形式。课程管理得过于集中，导致课程内容单一，缺乏对地区、学校、学生个人的适应性，最终招致学校办学模式千篇一律，教师教学方法按部就班、缺乏创新，学生的创造力被扼杀，个性得不到充分发展的恶果，成为推行素质教育道路上的一只拦路虎。

于是在国家大力推动课程改革的浪潮下，"课程多样化"这个概念便被引入进来。

课程多样化的提法最早出现于二十世纪二三十年代的西方。瑞典学者托斯顿·胡森与德国学者纳维尔·波斯特尔斯威特认为：课程多样化"即学校教学内容增加实用的或职业的知识，或是在以往几乎是纯学术性的学校教育的某些阶段引入职业教育，尤其指发展中国家中等教育阶段学校的课程设置"。从他们的话中我们可以看出，课程多样化的基本含义是指普通学校在传统的学术性（因而也是单一性的）课程中增加一些与生产劳动有关的实用科目，使学生学习这些课程后有可能获得基本知识、技能和意向，成为掌握一定技术的劳动者，进入以体力劳动为主的职业。它实质上反映了当代西方普通学校教育试图更好地为社会经济发展服务的职业教育主义倾向。我国的教育工作者，在结合当代中国基础教育实际情况的基础上，又赋予了课程多样化更多的内涵，认为：根据我国地区间的差异和学校的性质及教师和学生的特点，在基础教育阶段围绕教育目的形成课程的多种目标、多种要求、多种内容、多种组织方式和评价方式的过程就是我国基础教育课程的多样化。

　　课程多样化的核心是"对多样性和个人差异性的尊重"。它是一种致力于在多样化课程中实现以人的全面发展为目标的课程机制。课程多样化不仅强调课程在知识上的多样化，开设多样的课程，而且在于培养多样化的人才，促进人的多样化发展；课程多样化既是指整体课程由多样性的内容和目标、方式等组成，也包括课程内部结构和教材等的多样化，因为这有利于提高学生的学习兴趣与学习效果。

　　课程多样化的目的是提高课程的适应性，即根据地区、学校和学生的特点，增强教育目标、内容、方式的适应性。它的课程目标是可以实现的，内容是适合地方和学生的特点和需要的，对学生的生存是具有现实意义的，方式是根据当地的教育、学校和教师的条件和水平，切实可行的，评价是有效的，是能起到检查和促进作用的。从本质上讲，课程多样化反对单一化、划一性、排他性，融合了各种理论流派之长处，具有宽容性、过程性；从内容上讲，包含了现代与传统、人文与科学、普通教育与职业教育的内容；从主体上讲，包含了学校领导、行政部门、课程专家、学科专家、教师、学生、家长、社会人士在内，共同对课程做出贡献；从类型上讲，包含了学科课程与活动课程、分科课程与综合课程、国家课程、地方课程与校本课程、正式课程与非正式课程、显性课程与潜在课程等多种课程形态；从方式上讲，既包含了讲授等传统方法，也包含了研究性学习、合作学习等新方法；从层次上讲，体现了发达地区与落后地区，城市与农村，小学、初中与高中等的不同要求，包含宏观、中观、微观等不同层次。

　　从最基本的意义上说，课程的多样化反映了一种新的普通教育的概念，即教育的目的不仅仅是让学生升入大学，而应该高度重视学生综合素质的培养与身心健康的全面发展。

　　正是基于这一背景，校本课程就呼之欲出。当代教育想要获得长足发展，成为学校教育的特色品牌，就必须具有特色的课程，而校本课程毫无疑问能够承担起这一角色。

二、校本课程属于三级课程管理中的第三层级

由于社会在不断发展，未来新的职业将会不断出现，新的知识也在不断增加。为了让课程适应社会发展需要，课程多样化已经是当今世界教育发展的基本趋势。20世纪下半叶以来，许多国家都把课程多样化作为适应现代社会的重要教育政策，而我国学校也在努力开展校本课程开发和教学应用，拓展教学视野，从而更好地实现特色育人。

各国课程多样化的政策均被具体为课程管理方式的多样化。在课程改革方面，出现了行政主体多元化、课程设置现代化等一系列趋势。与此同时，课程的外在形式——教材也逐渐多样化。因此在这样的世界教育发展背景下，我国参照国外先进经验，结合现阶段本国教育国情，决定实行由国家、地方、学校共同参与课程管理的课程政策。

《国务院关于基础教育改革与发展的决定》和《基础教育课程改革纲要》都明确提出，为保障和促进课程对不同地区、学校和学生的要求，要实行国家、地方和学校三级课程管理，并进一步指出：国家制定中小学课程发展的总体规划，确定国家课程的门类和课时，制定国家课程标准，宏观指导中小学的课程实施。在保证实施国家课程的基础上，鼓励地方开发适应本地区的地方课程，学校可开发或选用适合本校特点的课程。那么，什么是国家课程、地方课程和校本课程？它们各自的目的是什么？三者之间的关系是什么？

国家课程，是指国家制定课程发展总体规划，确定国家课程门类和课时，制定国家课程标准，宏观指导课程实施，是一个国家基础教育课程的主体部分。目前在小学共有12门国家课程。国家课程有以下目的：确保学生学习的权利，明确学生在接受学校教育时应达到的标准，提高学生接受学校教育的连续性和连贯性，为公众了解学校教育提供依据。

地方课程，是指省级教育行政部门根据国家对课程的总体设置，规划符合不同地区实际需要的课程实施方案，包括地方课程的开发与选用等。开设地方课程有以下目的：促进国家课程的有效实施，弥补国家课程的空缺，加强教育和地方的联系，调动地方参与课程改革与课程实施的积极性。

校本课程，是学校根据国家课程计划、课程标准，结合本校的实际情况，为实现学校的培养目标而进行的课程设计、实施与评价。学校在执行国家和地方课程的同时，开发或选用适合本校特点的课程。学校根据实际情况也开设对应的校本课程，校本课程有以下目的：确保国家课程的有效实施，照顾学生的个别差异，促进教师专业能力的持续发展。

虽然国家课程、地方课程、校本课程的开发主体各不相同，但国家基础教育课程体系的建设实际上是国家、地方和学校三级主体共同完成的。国家课程的主导价值在于通过课程体现国家的教育意志，地方课程的主导价值在于通过课程满足地方社会发展的现实需要，校本课程的主导价值在于通过课程展示学校的办学宗旨和特色。

它们三者的关系则是：以国家课程为主，地方课程和校本课程为辅。这样既能保证国家统一的基本要求，又能适应不同地区、不同学校的不同办学条件和不同办学模式的需要。

国家目前的这种三级课程管理模式，很大程度上改变了以往国家课程处在刚性和督导地位的情况，使地方课程和校本课程实质性开发在法令上得到了确立和承认。这为学校根据自身情况全面开展当代教育下的校本课程策略，提供了制度上的保证。

校本课程属于校本课程，然而却是最具特色的课程，符合本校实际情况，符合本校学生的学习需求。

三、校本课程管理体现着当代教育的基本理念

课程多样化是现代教育发展的大趋势，是实施任何一种素质教育的必经步骤。当代教育立足于学校这片教育土壤，对现代教育文化进行了丰富演绎，构建了校本课程体系。

当代教育背景下，孩子们的期盼、家长的愿望、素质教育的需求，使我们有责任为每个孩子成才铺平道路。社会对人才的需求是全方位、多角度、多层次、多规格的，因此要重视孩子多种能力的培养与发展。我们不仅要重视学生的学业成绩，也要重视他们个人气质和品性的发展。我们的教育应该善于发

现每一位学生的"聪明范畴"，把他们的潜力充分挖掘出来，引导他们走上最适合自己的发展道路，使之成长为社会需要的各种有用之才。同时，我们也应该看到，在成长道路上，每个学生身上存在的问题和不足不尽相同。我们的教育还应该针对每个学生的具体情况对症下药，帮助他们弥补自己的缺点，使之在个性充分发展的同时，接受良好的行为规范教育，成长为合格的社会公民。

当代教育在尊重学生个体差异的基础上，主张因材施教，根据学生自身性格行为、兴趣特长及优缺点，照顾不同学生的发展需求，实施差异教学。校本课程内容丰富，有文艺、有体育、有科技等课程，基本上能够满足学生的学习需求。

想要对不同特点的孩子进行教育，课程内容与组织形式就不能过于单一。新课改大力倡导的课程多样化，就恰好切合了当代教育对学生实施差别教育的教育思路。多样化的校本课程，可以为学校实施差异教学提供教学工作上的蓝图、教学内容上的依据、教学组织上的方法。课程多样化被迅速融入了当代教育的具体办学思路当中，内化成为当代教育理念的重要组成部分。

当代教育立足学校实际、整合课程资源，大力构建了特色校本课程。一段时期的教学实践证明，特色校本课程的实施收到了不错的效果，在现有条件下最大程度地满足了对学生实施当代教育，因而是当代教育理念的体现。

四、构建和实施校本课程体系的价值和意义

（一）校本课程能够促进学生个性发展

教育作为培养人的活动就是要使每个人的个性得到充分而自由健康的发展，从而使每个人都具有高度的自主性、独立性和创造性。校本课程关注每一个学生的不同需求，给学生一个自由发展的空间，让他们拥有更多课程选择的自由度。在课程的设置及课程内容的选择和设计上，充分体现出多样性、可选择性和丰富性的特征。

1.以人为本

传统的课程强调学科知识，忽略了学生作为一个活生生的人的真实体验。校本课程的开发注重学生的生活体验和学习经验，课程实施中强调学生发展的主体性、主动性，关注每一个学生发展的差异性。让每一个学生都成为与众不

同的主体，满足每一个学生不同的发展需要。

2. 给学生留下空间

个性的发展需要一定的自由空间。学生作为校本课程开发的主体之一，有课程决策的权力。课程开发是一个动态的、不断完善的过程。课程内容和结构都在师生互动中完成。尊重学生的兴趣与经验，让学生根据自己的需要进行选择，为学生的个性发展留下了一个空间。

3. 差异性教育

国家课程强调人才规格的整齐划一，忽略了学生之间的个体差异。校本课程开发为学生提供了自我个性张扬的现实条件。每一个学生都可以对自己要学的内容做系统安排，根据自己的发展需要形成具有独特性的个别化课程。教师作为课程的组织者与指导者，要研究学生的需要和发展的可能性，注重个别指导，尽可能满足学生不同的需要，从学生经验出发，提供差异性课程，做到因材施教。

4. 课程以学生为中心

校本课程开发是从学生的需要出发的，是为了学生的发展而存在的。学生实际需要什么，成人不一定清楚，校本课程的开发主体之一就是学生自己，更能够从学生的需要出发，精选对学生终身学习必备的基础知识与技能，能够真正促进学生的身心发展。

5. 减轻学生的压力

目前学生从进入学校的第一天就开始为升学而竞争，每天都沉浸于各学科的习题之中，承受着巨大心理压力，学习的课程都是围绕着国家考试科目而设，而关注学生兴趣爱好的课程太少。校本课程强调以人为本、趣味性和开放性，让学生能够参与进去，这样不但能扩大学生的视野，增强能力，而且能给学生带来快乐、减轻压力，使学生在繁重的学习中得到放松。

（二）校本课程能促进教师的专业发展

国家课程开发模式下，教师处于课程体系结构的最底层，教师按照规定的时间和进度，完成规定的教学内容。这无疑扼杀了教师的创造潜能。校本课程的开发赋予了教师课程决策权。教师就是课程编制者、实施者、评价者。

1.提高教师的参与意识和能力

执行者的角色使教师习惯于服从上级的指令，不需要关心参与课程的决策，也不知道该怎么参与。校本课程的开发可以使他们形成参与课程决策的意识，行使课程决策的权力，并在参与过程中形成参与的能力。

2.增强教师的课程意识和课程开发的能力

校本课程的开发帮助教师认识到自己所教的科目与学校整体的教育目标和前景的关系及与其他学科之间的关系，从而形成整体的课程观和结构的课程观，形成整体的课程意识而不是狭隘的学科意识。由于传统上，教师并不负责教材的改编或重组，长期处于课堂的具体教学设计，并没有选择学习主题、设计教学内容的能力。校本课程的开发无疑可以帮助教师在校外专家的帮助和指导之下获得这种能力。

3.增强教师的教科研意识和能力

校本课程开发要求教师研究自己的学生、研究教学内容、研究和思考学校发展的远景和文化的创生。在与校外专家共同开发校本课程中，教师以课堂师生互动的自然情景为研究对象，进行行动研究。在这种研究过程中，教师们的研究意识和能力会大大增强。

4.增强教师们的合作意识

教师们在传统的情况下，大多数情况下都是孤立地开展教学，校本课程主张以学校为整体，集体协作共同决策和开发，要求教师们相互学习，共同研究问题并找出解决的方案。教师们在合作过程中会增强合作意识，提升合作能力。

5.完善教师的知识结构

知识可以分为本体性知识、条件性知识、实践性知识。本体性知识是指教师所具有的特定的学科知识，一般可以在高校学习中获得。只是本体性知识增加到一定的程度后就不再是影响学生学习质量的显著因素。条件性知识指教师具有的教育学和心理学知识。可以通过系统的学习获得，但更多的是在课程实施过程中逐渐了解和习得，需要动态地去把握和领会并在实践中加以发展和加深。实践性知识是指教师面临实际的课程开发和课程事实所具有的关于客观现实的背景知识。这类知识只能在具体的实践中获得。而教育情景总是处于不断变化之中的，所以要求教师在实践中反思。对教师而言，最重要的知识只能在实践中获得。教师参与课程开发，不仅能够加深自己对本体性知识的理解，而且能丰富条件性知识，累积实践性知识，使自己的知识结构更趋合理与完善。

（三）校本课程能促进学校特色的形成

一个学校有没有特色，一个学校能不能创建教育品牌，很重要的一点就在于这个学校有没有独特的办学理念与思想，而校本课程就是学校独特理念与办学思想最重要的载体。三级课程管理体制的确立就是在保证基本的教育质量的前提下，给学校一个空间，让学校根据自己的客观现实确定自己的办学哲学，确立学校独特的发展方向。校本课程，就是学校的特色办学思想的体现。

1. 学校功能的重新定位

传统的教育理念认为学校必须顺应现存的社会价值规范和文化传统，学校的任务就是传承文化。校本课程的开发理念认为学校除了传承文化之外，同时肩负着改造现存社会的弊端、冲破不合时代的落后的文化传统的任务。

2. 学校权力的重新组合

校本课程的开发会使整个教育系统内部的权力重新分配和权力结构重新调整。传统的国家课程所依附的是一个金字塔式的权力结构，学校及教师处于最底层。校本课程开发强调以学校为本，政府下放一部分课程开发决策权，重新调整课程决策的权限和职能。就学校内部而言，教师、学生、家长也应该分享课程决策权，打破学校内部复制的社会权力机构及官僚体制，建立民主开放的决策机制。

3. 学校内部结构的重新调整

在传统的课程开发模式下，学校只是国家课程的执行单位，校长的任务只是上情下达，教师只是完成规定的教学任务，学生必须完成规定的学习任务。学校在课程管理上的主要任务实际上也就是确保课堂教学按计划进行。校本课程的开发以学校整体发展为目标和学校所有学生的整体学习为基础，需要校长、教师、学生、家长、社区代表及校外专家共同探讨、研究、审议。学校原有的教育管理机构已很难适应校本课程开发的需要。因此学校内部的组织结构需要重新调整，原有的不适应的部门应该精简，成立专门的课程委员会，负责管理课程的开发、实施、评价等事务。与校本课程相适应的组织应该具有以下的特性：研究性，以一种以研究性的态度尊重差异，处理事实；学习性，鼓励教师集体学习和创作；发展性，学校要建立一种可持续发展的组织机构，支持教师个人发展，为每一个人的发展创造机会和空间；开放性，教师之间、学校之间要向其他人开放，养成一种开放的心态，在合作交流中进步。

（四）校本课程能促进教育事业的发展

校本课程的开发以学校自身的资源、条件为基础，具有灵活性和差异性，通过资源的调整和优化配置可以提高教育的效益，通过教育内部权力的重新分配提高教育适应变革的能力，促进教育事业的发展。校本课程能够促进当代教育的发展，从更大范围上讲，能够促进基础教育事业的发展和进步。

1. 弥补国家课程的不足

我国小学课程长期以来是在国家课程的框架和体系下进行的，没有什么变更或创新，这就造成国家课程中的一些教学内容和方法不适合一些地区和学校的实际情况。校本课程注重实际情况和需要，弥补了国家课程在从高级层次推行到低级层次过程中产生的一些弊端，能更好地完成国家课程的要求。国家课程强调共性和统一性，容易忽略个性和差异性。课程开发的时间周期长，缺乏灵活性，严重地滞后于社会的变革，尤其不能及时反映科技进步和当地社会发展需求的实际变化。学科专家处于课程开发的中心位置，导致狭隘的专家课程目标和决策渠道，缺乏多层次、多途径、全方位满足学生发展和社会发展的课程体制与能力。课程开发的专家与课程实施的教师之间缺乏联系，闲置了广大教师的独立判断和参与课程开发的积极性和创造性，降低了课程改革的实际影响，造成了教育资源的浪费和教育效益的下降。

2. 推进教育民主化进程

中央集权的课程体制，教师和学校都习惯于听从外部的指令，缺乏主动决策的机会和能力，极大地损伤了学校和教师的积极性，扼杀了广大教育工作者的创造性。校本课程开发通过组织的重新建立和权力的重新分配，使各个层次的参与者分享权力、承担责任，让从事教育事业的基层工作者有机会参与决策，分担责任，极大地调动了他们的积极性，激发了他们的创造性，从而推进了教育民主化进程。

3. 有利于教育的交流合作

校本课程开发需要与外部环境合作，得到大学研究者的帮助，有助于促进中学与大学的联系与合作；校本课程开发需要借助于他校的经验，促进学校之间的合作与交流；校本课程开发需要与社区密切合作与交流。这样，校本课程的开发就将学校与高校、其他兄弟学校、社区及其他社会单元联系起来，促进共同的交流与发展。

4. 有利于学校更好地适应市场需求

教育作为一项基础性的投资的概念已被多数家长接受，中国家长特别重视孩子的教育，让孩子享受优质的教育已成为普遍的教育需求，校本课程开发强调自主决策、自主开发，有利于形成品牌效应，更好地适应教育市场的需求，逐步提升学校在市场中的位置，扩展学校生存和发展的空间。

校本课程从学校的实际情况、学生的特点出发，强调的是学校和学生的特殊性，突出的不是统一性、一致性，而是基于学校、学生的现实展开的，针对学校、学生的问题而进行的。

5. 有利于文化传承

我国的传统文化具有丰富的精神内涵，有多种多样的表现形式，但并不是所有的传统文化都适合进入课程，因此需要带着批判的眼光来选择课程内容，与此同时，也要适当考虑学生的需求及其能力水平。另外，选择内容时还应考虑地区差异和校际差异。这样既有利于有效利用地方资源，对地区性传统文化的挖掘也起一定的促进作用，又可形成课程的地方特色和学校特色。

学校的校本课程是由各种各样的、内容丰富多彩的活动组成的，是以探究和体验为主要方法的综合性学习，内容丰富，贴近学生发展需求。实践活动可以为学生提供一个自主、合作的学习机会和空间，使其将知识学习、实践体检、态度养成、能力培养等统一起来，最终促使其综合能力的形成。校本课程给学生提供了比国家课程更加丰富的问题情境，更能激发学生的积极思考和大胆想象。校本课程由于在内容上丰富多彩，在形式上灵活多样，在操作时间上因地制宜，因此拓宽了学生学习领域，开阔了学生视野，丰富了学生的生活，使学生在有限的学习时间内，在掌握有关知识和技能的同时，学会学习，学会生活，学会健康，学会创造，学会合作，学会关心，为人生的后续发展奠定了坚实的基础。

第四节　学校师生管理体系建设

学校管理是学校管理者通过一定的机构和制度，采用不定期的手段和措施，带领和引导师生员工，有效实现学校工作目标的组织活动。广大教师是学校教学工作的主人，管理者是广大教师的勤务员。学校要确立服务观点：一切管理措施都要以有利于调动广大教师教书育人的积极性为前提。尽可能地急教师之所急，想教师之所想，才能全面提高教学质量。学校要坚持"全面育人、全员育人、全程育人"，全面推进素质教育、全面提高学生的素质，改变重智育轻德育的状况。贯彻"以人为本"的教育理念，构建人性化学生管理模式，确保学生在教育中的地位，尊重其人格与自主学习权利，保证其主观能动性的发挥，提高学生独立思考、分析与解决问题的能力。教师和学生，是学校两个核心主体，其余机构和人员都是为师生的教学活动服务的，因此学校管理必须重视师生管理。

一、教师管理体系建设

校长教学领导力的提升对学校教学质量的提高和教师专业教学的发展有着举足轻重的作用。校长在教学领导过程中，对教师的引领和指导是非常重要的。校长要指导教师认真并且有针对性地开展课堂教学研究。校长要及时了解真实的课堂、学生和教师，以便及时对课堂教师的教学行为进行调整，构建适合本校发展特色的课堂教学结构，以保证学校教学沿着正确的轨道健康推进并且有效地实施。

（一）改进教学质量评价机制

校长进行有效教学领导需要建立科学有效的教学评价规范。更确切地说，校长管理的核心是教师，而学校的教学评价规范是影响教师工作积极性的重要因素。改进学校教师的教学评价机制我认为需要从两个方面入手：教学评价机制必须是科学合理的，并且相关评价体系还要有利于学校的操作评估，便于统计；评价机制要注重科技创新发展的地位，注重科技研发成果的比例，以便促进学校教师在教学工作中不断创新，提高教师的教学积极性，保持教师的教学热情。教学评价规范在教学导向、考核鉴定及对教学信息反馈等方面发挥着重要作用。校长要强化教学评价机制，校长负责管理学校，应引领有利于促进教师实现专业自主发展的评价机制。根据学校的教学环境和实际教学情况引导教师制定出为大家认可的评价标准并合理规定相应的分值，并依照相关教育教学标准在教师自我评价的基础上，由各负责部门分头评价，最终汇总各部分评分，以此作为教师教学考核和晋级的依据。

校长协同学校的中层干部依据学校的具体情况建立相关的教学评价机制，这样从整体上对教学进行了较好的把控，公平合理，也避免了教师为绩效考核引起的内部矛盾纷争，使校长对教师的管理更加趋向合理化。

（二）科学合理督导评价教学

校长要提升教学领导力。校长需要对学校各科课程进行督导评价教学，教学评价具有重要导向功能、考核鉴定功能及教学信息反馈功能。这些对于校长教学领导力提升具有重要的功能。任何教育教学的改革只有通过教师在课堂上才能得到落实走向成功，也只有依靠课堂上的教师教学才能取得好成绩大发展。对于校长来说，走进课堂，真正了解教学并且切实地对教师教学进行指导，采取一系列的实践督导、评价教学管理活动才能有效地促进教学领导力的提升。校长要通过听课、视察及评价教学，协调整合课程，从而提升学校的教学质量。这样，校长才能对学校进行有效的教学领导。

校长要想把控提升学校的教学，就必须走进课堂，常听课，会评课。对中层干部的工作进行检查督导及评价相关教学。校长有计划地定期走进课堂会直接了解到教师教学情况和学生的反馈。校长通过参与并做好听课和评课找出课程实施中存在的问题，以便及时改正和调节。校长可以和几个领导一起去听课，听课后以便进行研究和分析，总结经验。

校长在与真实的课堂对接的过程中，可以不断地帮助教师调整课堂教学行为，有效地把握学校教育教学的基本方向。从课堂教学中，校长能真实地把握学习、实践、体验、感悟，才能具有课堂教学实践的发言权和对教学进行领导的指挥权。校长可以赋予中层干部对教师专业能力的考核权，以及对教师教学质量的评价权，也可以用问卷调查、学生评价等方式帮助教师获得多方面的反馈信息，促进教师进步，调整教师的教学工作。这些评价策略对于学校发展、教师的进步和学生成绩的提高具有非常大的帮助。

（三）聚焦推动教师专业发展

学校的教师作为微观的教育领导者，长期在教育一线教学。校长在聚焦教师教学发展的同时，要审视自身，提高自身的素质及对学校的教学进行整体把控，提高自身的教学领导力。积极组织领导学校教师在每堂课的教学实践中，不断深化完善教育理念，实施教学策略，展示教育智慧，不断提高教师教学实践经验。在对每节课的教育反思中，积累实践性知识，提高教师自身的专业素养。教师教学业务能力的不断提高对于校长教学领导及自身教学领导功能的发挥起着重要的作用。相关的教育行政部门及校长应该首先认识到教师教学对学校教学质量的提升和学校效能的提高发挥的作用，校长应努力为教师创造多种渠道，比如请专家对教师教学进行指导、教师进修学习、组织相关的教研活动及教学竞赛活动，做教师提高教学技能的助推者，给教师多种形式的教学成长机会。

校长要鼓励教师对课堂及教学进行研究，为教师的发展提供平台，给予教师专业的指导帮助。校长要给教师营造一个宽松的组织氛围。"少一点强制，多一点尊重；少一点怀疑，多一点信任"，学校整体教学质量的提升不仅仅是依靠教师个人的努力钻研及个人的专业发展，更取决于学校整体教学文化对师生的影响。学校教师队伍的来源多样化，校长可根据学校目前的状况，带领中层干部开展教研组、备课组对现存问题进行讨论，从而提高教师队伍专业成长，以教研组为单位展开一系列的研讨、展示活动。校长应协同教研组长、备课组长定期听课，并对听完的课提出中肯的建议，从而为教师教学水平的提高发展注入能量，使教师在相关理论学习方面掌握自己学科所特有的特点，形成自己特有的教学风格，使教师勤思考、多动脑分析，在教学中不断总结经验不断提高、完善。

（四）重视鼓励教师团队建设

学校的教育教学质量整体提升单独凭借教师的个人努力还是不够的，校长本着促进学校发展、提升教育教学整体水平的原则，要鼓励教师团队建设，建立一个相互学习的团队共同进步共同成长尤为重要。教师自身都有自己的教学长处和特点，鼓励教师之间相互交流与合作及相互探讨，这对教师及学校的发展都是有积极意义的。在教师团队的共同努力下，教师个人的专业成长与教师团队建设相结合，鼓励教师团队建设是校长教学领导工作顺利展开的重要基础，同时也使教师自身的教学效率得到了强有力的保障。

教师和谐团队建设是学校发展的客观需求，校长首先要为教师营造民主和开放的和谐团队，这是和谐团队建设的基本前提保障。这支团队主要包括副校长、教导主任、各年级组长等。他们不仅是校长教育理念的执行者，也是校长进行教学决策的智囊团。校长应淡化管理者的角色和地位，同学校的中层干部共同努力，强调与教师建立民主平等的对话模式，鼓励教师在各种公开或非公开的场合与管理者大胆互动，在学校的各个方面活动中都强调教师的参与，鼓励教师发表自己的意见和看法，自主参与到学校的管理之中，从而凝聚学校的教师团队建设。在合作和互动之中，校长要倡导教师自主发展。在学校里构建学习网络，一个真正的团队，团队的凝聚力往往超乎人的想象。在构建学习网络的过程中，加强对教师团队的建设，多鼓励教师，从而提高团队凝聚力。在团队协作中，共同努力促进校长教学领导力的提升，提高教学质量。

二、学生管理体系建设

《礼记》有云："玉不琢，不成器。"意思是一块再美好的玉石，如果你不能尽心尽力地去雕琢，把它塑造完美，它都不能成为真正有意义和价值的精品。而我想说的是：学生就像刚开采的玉石，如果不能管理好，既不能让之成才，更不能使之成人。因此，学生管理体系建设非常重要，学校管好了学生，自然能够推动学校教育品质化发展。

（一）全体进步与发展管理

校长做的一切工作归根结底是为了学生的全面发展。在学校，学生就是学校工作的重心。校长对学生的领导主要体现在尊重学生、相信学生、促进学生全面发展。校长的教学领导对学生产生的影响是间接的。因此，校长必须发挥学校教师的桥梁纽带作用，通过班主任、各任课教师及学生家长对学生共同施加积极影响，形成教育合力，共同促进学生全面发展，使学生健康成长。校长不仅要关注学生的学习成绩，更要关注学生的身体、心理和日常生活，使学生的思维能力、知识技巧同步发展，为学生的身心健康全面和谐发展打下坚实的基础。校长应通过教师进而培养学生的综合素质，不应一味地追求升学率，要引导学生学会做人、学会生活、学会学习。通过学生自身的活动，改变学生的学习方式，着重培养学生的创新技能，激发学生的学习兴趣，进而通过间接的教学领导促进学生全体发展。

（二）全面丰富与拓展课程

校长在对学校实施教学领导的各个环节活动之中，要为每一位学生创造成功的机会，让每一位学生都能体验到成功的快乐。因此，学校要根据学生的兴趣爱好不断完善多元化的课程体系，优化课程配置，满足学生个性发展的愿望，通过学校的内部挖掘整合学校资源，实现学生的综合素质全面发展。比如，学校可以增加一些能促进学生发展的特长选修课，乐器、足球、合唱、话剧、人文地理、英语口语等。校长应全方位整合校内外资源，丰富课程体系的建构。校长对课程体系的丰富开阔了学生视野，为学生提供了良好的学习环境，挖掘学生闪光点，真正使学生学有所长，也为教师的发展提供了可支持性的工作环境。一系列活动使学生得到自我发展和历练，培养学生多方面的素质和能力，满足了不同层次学生群体发展的需求。课程体系的丰富促进了学生多元化的发展。

（三）积极推动和激发兴趣

校长在对学生实施间接教学领导时，对教师这个纽带桥梁的培养和引导很重要。校长主要通过教师间接地影响学生的学习。学习是一个将抽象的知识信息转化为学生个体知识的一个过程。在这一过程中，教师不仅要传授知识，更要介入学生将知识内化的过程，通过组织设计，帮助学生解决困难和问题，建构有利于学生学习的方法。将学生感兴趣的话题带入课堂情境中，激发学生参与学习的愿望，使学生产生强烈的学习动机。校长要鼓励一线的教师群体积极地在教学过程中对学生质疑启发、点拨拓展、兴趣挖掘、评价激励，使学生与教师在课堂上频繁互动，不断寻求参与、主动思考、创造参与，从而达到使学生产生学习动机的目的。比如在教学中，校长要引导教师们多提开放性问题，开放性问题有多种不同的解决方法，这更能激发学生的兴趣点，促使学生深入思考。在知识的新旧结合处，由已知的东西再往前看一步，看看到达哪里，鼓励教师用已知的问题来解决未知的问题。校长要充分通过教师的中介作用来发掘学生的学习兴趣，使学生产生强烈的学习动机从而使学生热爱学习，激发学生的潜力，从而提升校长对教育教学的整体把控，更进一步调动学生的爱好和积极性。

（四）能力提升和改善成绩

校长是学校的领头羊，校长教学领导力的发挥最终要落到实践上。作为一所学校的最高领导，校长必须对全体学生的学习成绩负责。无论面对什么样的学生群体都必须对学生的学习成绩负责。校长可以通过对学校组织施加影响，进而改变学校的组织环境，提升教育教学，间接干预学生的学业成绩，提升学生学习成绩，促进校长教学领导力。校长需要了解学生的整体情况，为学生创设适宜的教学环境、教学内容、教学资源。在有效规范的标准控制下使课堂氛围达到软件和硬件相互配合融为一体，师生间和谐融洽相互帮助扶持，教师能够包容不同学生的需求和学习方法，并且为学生提供学习支持，满足学生的学习期待。校长要多鼓励教师，使教师帮助学生建构新的认知结构及发现问题解决问题，进而达成课堂学习目标，使学校努力实现因材施教的目标，从而提高学生的各科学习成绩。

第五章

当代学校管理技巧与艺术

一所学校的发展，涉及的人和事众多而烦琐，要想将所有的力量汇集成一股有效的坚定的力量，向着共同的目标推进，就必须依赖于一种科学、高效和现实的管理制度。然而理性的制度化管理偏于刚性和理性，而现代管理恰好提供了一种人文的弹性和空间。现代管理作为当代教育的管理理念，它能够顺利梳理整个当代教育体系中的各种资源，体现了学校管理技巧与艺术，推动了当代教育根本目标的实现。

第一节 现代学校管理是一种技巧

要想了解和实施一种管理制度或文化，最重要的前提就是弄清楚这一管理制度或文化的基本内涵及相关的实践思路和原则。现代管理作为一种优秀的管理文化，它被当代教育创造性吸收，取其长而避其短，最终成为推动当代教育在学校制度上进行改革创新的指导策略。现代学校管理是一种技巧，合理运用则能够推动教育事业的长远发展。

一、现代管理具备精细化管理的特征

精细管理作为一种理念、文化，最初产生于发达国家的企业内部，"精"可以理解为更好、更优，精益求精；"细"可以解释为更加具体，细针密缕，细大不捐。其本质意义在于它是一种对战略和目标分解细化和落实的过程，而它的提出主要是为了适应社会分工的精细化和服务质量的精细化的发展现实。

自 20 世纪初被誉为"科学管理之父"的美国人泰勒发表第一部阐述精细

管理理念的著作以来，精细化管理的理念和办法就长期受到了商界的青睐，并被广泛引入各种企业。人类社会对于精细化管理理念长达一个世纪的实践，不仅证明了精细化管理理念的科学性和有效性，证明了它对加强企业的内部协调、效率提高等有着非常积极的加速作用，而且也大大发展和丰富了精细化管理理念的内容。精细化不但作为一种企业管理方法见诸各种现代化的企业单位，更重要的是，发达国家的人们已经把它作为一种意识、观念融入日常工作行为当中，进而上升到社会文化的层次。在这种背景下，精细化管理理念也逐渐为现代教育所接受，开始被一些学校引入日常教学工作管理工作当中。

但是教育精细化管理毕竟不能等同于企业精细化管理。因为将企业管理与教学管理相对比，无论从管理主体、管理客体、组织目的，还是从组织环境或条件来讲，二者都大相径庭。如果盲目照搬企业的现代管理模式，我们的教育就会陷于误区。

比如有人直接把企业质量管理的 ISO9000 系列标准运用于学校的教学质量管理当中，试图在整体上保障工作的效率和"产品"的质量，结果导致把学校管理制度化、标准化、程序化推向极致，扼杀了学生自主学习和探索创新的精神。

还有的人机械模仿企业生产流程，在实践中把学校教学精细化管理视为对师生学校生活的全时空占有和全方位、全流程控制，而且在管理过程中往往还伴随着对教学活动高度主观和机械的规范化过程。比如，他们把企业精细化管理模式下追求产量提升的想法也给囫囵吞枣地学来，在教学活动中信奉的是多学、多练、多考，搞题海战术。在这种情况下，他们实施得貌似精细，实际缺少对学生和教学规律的深入分析，盲目依赖强化措施，它至多只能产生所谓的"县中模式"，而不会真正获得教学精细化管理的成效。

在当代教育体系中，实施教育精细化管理，必须立足于教育事业自身特殊规律，融入现代管理文化，切合学校实际，而不能超越现行教育评价体制。比如说，教育的精细化管理，可以从细节层面关注学生的成长，从细节方面关注教师的专业发展与职业幸福等，不是标准的僵化，而是服务的精细。所以，学校实施现代管理策略，关键是要秉承教育人、发展人的根本办学宗旨，深刻理解现代管理内涵，由师生和学校领导共同发挥主体作用，创造性地吸收现代管理原则，使之能够充分为教育事业服务。

二、让学校管理刚性中饱含人情

（一）让"生命发展"成为现代管理的核心

"现代管理"是学校管理文化建设的中心，我们将学校的一切教育管理行为都纳入学校文化的范畴，即"现代管理"是校园建设的重要组成部分。我们认为，学校的一切发展都为了生命发展，每一个师生员工都是学校整体的有机组成部分，人人都是管理者，同时又是学校文化的创造者。从生命平等的意义上，尊重每一位师生员工的人格，激发其主动精神，使每一位教职员工都将工作当成是自己生命发展和价值实现的需要，自动自觉地完成自己应做的事情。因而我们带领全校教职工继承优良的文化传统，吸取现代管理文化的先进理念，用执着和热情建设"校园"文化，让教师真切感受到其职业内在的尊严与幸福，让学生充分享受到生命成长的快乐，焕发生命活力。

让学生的生命得到发展，是学校现代管理最核心的追求。

（二）让"人情味"成为现代管理的基石

我们努力构建起领导与教师之间、教师与教师之间、教师与学生之间互相尊重、互相信任、相互关爱的人文氛围，人与人之间形成了团结合作的关系。师生在人情味十足、温馨和谐的环境中，怀着愉悦的心情工作学习，为实现人生的价值而奋斗。这种以人为本的富有人情味的管理文化，使学校形成一个密切协作的团体，增强学校的可持续发展力，保证学校协调、有序、高效地运行。

闪耀着人文精神与智慧光芒的"现代管理"，应融入"人情味"特征，注重教育对生命发展的长久效应，注重教育对师生终身发展的影响，而摒弃追求急功近利式的短期效应。管理中的"人情味"，增强了学校的亲和力与凝聚力，增强了全体师生的责任感、创造性与主动性。

（三）让"服务"成为现代管理的有效方式

学校的管理更是一种用心"服务"的管理。只有通过服务赢得全体师生的

"心"，学校的管理才是真正意义上的最有效的管理。

要想做好服务，则要树立为师生服务的心态。只有从内心里深刻体会到学校是为全体师生成长服务，教师是为学生服务的，才会从行动上转化为服务，才能尊重学生，尊重教师，充分发扬民主，从而提高服务质量，进而实现学生、教师、学校的和谐发展。比如学校工作布置后，如果没有指导，没有提醒，到检查时，要是教师没有完成，简单的处罚可能并不能治本。为此，我们要真正具有"同理心"，设身处地地为学生、为教师着想，真诚地服务、指导，了解师生的学习生活情况，遇到了哪些难题，给予及时的开导、指导，让师生更好地享受到校园这个集体的"温暖"。任何管理的实施，只有站在师生的立场上，想他们之所想，急他们之所急，充分尊重理解师生，才能真正管理好。无论是班级管理中对问题学生的处理，还是少先队活动中活动的组织与实施，无论课堂纪律的维持还是各类大赛的举行等，我们不是简单地下达命令，而是提供更多的建设性的指导性服务，为学校师生发展提供支持与帮助。

三、让"制度"成为现代管理的保障

学校管理制度的制定和具体的管理措施都从学生和教师发展需要出发，形成既有强制性，又有灵活性、开放性的人文化管理模式。制度是对学校师生员工和学校组织产生规范性、约束性影响的部分，它集中体现了学校文化的精神层面和物质层面对个体和群体的行为要求。它规定了学校成员在共同的教学科研管理生活活动中所应遵循的行为准则。学校制度，只有充分激发起全体教师的工作热情，并让教师们享受"制度带来的成长和愉悦"，才能成为"有效的制度"。为此，我们在制定和执行制度的过程中，始终秉承公平公正、民主科学、集思广益的理念，尽力使制度"刚柔适度"，为全体师生的快乐成长助力。

首先，我们建立了规范的工作和学习制度。包括教学管理制度、学籍管理制度、政治思想工作制度、科研管理制度、后勤及生活制度、设备管理制度、财务制度、劳动人事制度、体育锻炼制度、考试制度、奖助学金制度、违纪处分制度等，这些成文的制度与约定及不成文的校纪校规，始终是基于学校师生员工的群体认同而制定的，从而对全体师生的言行起积极的约束作用。

其次，我们建立了严格的责任制度。包括学校内部各级组织、各类人员工作的权力及责任制度，目的是使每位教职工、每名学生、每个部门都有明确的分工和职责，使学校能高效有序地运转。如，党政干部分工负责制、教职工岗位责任制及学生学习责任制。

第二节 现代学校管理是一门艺术

作为我国学校现行的领导管理体制所明确的"全面负责学校工作"的一校之长，校长应自觉与时俱进，主动应对。学校管理既是一门科学，也是一门艺术，为不断地提高管理水平，校长必须不断学习管理理论，总结管理经验，探索管理艺术。在当代教育体系中，校长应加强自身建设、提高管理水平。现代管理，最重要的就是融入了人本观念和艺术理念，这也是当代教育中的管理制度保障。

一、现代管理是一种创新

我国小学教育作为基础教育的重要阶段将广泛、全面、深入地参与国际竞争，在办学模式、投资体制、培养模式和管理机制诸多方面都会出现新的课题、新的变革，加之人民对优质教育的要求日益强烈，素质教育的实施亟待取得实质性突破，这些都决定了校长应以"创新"作为自身建设与提升管理水平的"不竭动力"。

一所学校办学成效的关键是校长的观念、教师的素质，校长观念的转变、更新和领先，往往是学校推进素质教育和创新教育、学校管理上台阶的认识和实践动力。校长要满怀信心地理智地思考，不断进行自我扬弃和纠正，形成正确的教育理念和办学思路，坚定不移地进行创造性教育实践和管理实践，拓宽自己的管理工作视野，抢占教育市场的先机。

坚持以"创新"作为管理动力，才能积极稳妥地处理教改中出现的新课题，才能使学校在未来人才争夺战中取得主动权，从根本上解决学校生存与发展的问题。

二、现代管理强调品格和意志

现代管理理论认为，领导者的指示、命令能产生作用，取决于被领导者的认可，这就需要领导者及其组织的权威。权威是以服从为前提的，服从又包含权力和威信。权力是职责范围内的支配力量，是组织所赋予的；威信则是领导者的一种人格力量，是由领导者的经验、能力、品格等素质形成的综合效应，而品格和意志则影响到集体的凝聚力、向心力，是学校管理的重要引力。

如果学校校长具有优秀品格，教职工就会觉得他可亲、可近，并自觉以他的品格作为调整和修正自己品格的标准。可见优良的品格，是优秀校长的必备条件。

校长的意志首先体现在自信心上，其中包括自我的信任和对学校、教职工、学生的信任。其次是沉着、镇静、坚定、顽强。再次是主动进取精神。三者缺一不可。校长只有坚持品格陶铸、意志锻炼，将权力影响与非权力影响和谐地统一起来，才能赢得教师的信赖，进而达到事半功倍的管理功效。

三、现代管理坚持以人为本

传统学校管理理念中的行政人员是主体，教职工是执行行政权力意志的工具，缺乏主人翁意识和责任感的现象亟待改变。

现代管理学理论"以人为本"的管理理念基于对人的两种基本看法：

一是"复杂人"假设，认为人是复杂的，每个人都具有许多需要和不同的能力，因此有效的管理必须根据不同的工作采取适当的管理方式和选用恰当的人，对不同需要和动机的人必须安排不同的工作并采取相应管理方式。

二是"决策人"假设，认为人都是具有意志自由的能动的决策者，每个人都有自己的个性和意志，都愿意承担一定的责任，人的决策都是为了实现一定的共同目标。因此，管理更重要的是积极吸收教职员工参与，充分发挥他们的主动性和创造性。

确立以人为本的现代管理理念应包括以下几层含义：教师、学生是学校的主体力量，其他一切工作都得服从教学这个中心；管理就是服务，这是学校管理的核心；学校管理同样必须按照管理活动的客观规律，高效率、高质量、合法地来开展。所以，积极推进学校管理的科学化、民主化和法治化，是新的学校管理理念题中应有之义。

实行以人为本，能使师生员工意识到领导与组织对他们的重视和信任，这不仅有利于他们的聪明才智得以发挥，而且也有利于他们的成长与发展，从而保障学校管理向着良性、健康的方向发展。

四、现代管理重视激励

现代管理心理学和行为科学研究结果表明，人都是需要激励的。管理学大师亨利·法约尔认为，激励是管理的核心机制。建立和完善激励机制，是学校管理的重要环节。

目标设置与满足需要结合：建立并完善学校激励机制，首先必须确立适当的目标，这样使成员既胸怀大志，又立足当前、脚踏实地地工作。目标设置要兼顾从实际出发和挑战性，同时又必须与满足人的合理需要结合起来，才能激发人的积极活动的动机。管理者要把学校整体目标与被管理者个人的志趣和发挥个人长处结合起来，使学校的整体目标转化为每个成员的个人内在目标。

内在激励与外在激励结合：外在激励是指人们努力去获取存在于他们行动过程之外的外在目标，内在激励是指发自内心的一种力量。在学校管理实践中，校长应努力倡导教师神圣、课堂神圣、学校神圣，在正确的方向指引下，把外在激励与内在激励有机结合起来。

物质激励与精神激励结合：物质激励是用来组织、调节学校管理活动，实现管理职能的一种方法。对学校管理有重要作用，当前应把国家利益、集体利益与个人利益紧密地结合起来，使之相互协调、相互促进。同时，人作为社会动物，还有精神需要，它对于人来说比物质需要更重要，其激励效果更为显著，影响更为持久、深远。总之，物质激励和精神激励各有特点，管理者必须把两者有机地结合起来，以调动被管理者的积极性。在当前大力弘扬社会主义公民道德的大背景下，更应重视精神激励的手段和方法的运用。

管理艺术是建立在一定知识和经验基础上随机应变处理问题的一种技能，当代校长要不断学习现代学校管理学、教育学、心理学，善于研究人与人、人与事物的运动规律，善于协调主客观运动的关系，掌握信息，不断丰富管理经验，提高综合管理水平和实际管理能力，才能带领师生员工不断取得成绩。

第六章

学校文化建设与发展

学校文化是一种群体文化，是学校发展进程中创造的物质财富和精神财富的总和。它具有无形的教育功能，对师生的思想品质、道德情操都有潜移默化的影响作用。学校文化一旦形成，就会产生巨大的力量，它能使学生的心灵得到净化，心志得到改善，情操得到陶冶，视野得到拓宽，品位得到提升。中国古代就有孟母三迁的典故，这则流传了千百年的教育小故事揭示了一个简单而深刻的道理：成长环境对学生起着潜移默化的熏陶和启迪的作用。马克思说过："人创造环境，同样，环境也创造人。"学校文化环境，整体合理有序、整洁优美、蓬勃向上、健康和谐，必然对学生的健康成长和发展产生极大的积极影响。当代教育高度重视学校文化环境的建设，把它视为对学生进行德育的有效形式。不仅如此，为了给祖国的下一代茁壮成长提供肥沃良好的土壤，那些真正热爱教育、懂得教育、关心学生成长的人也定会将打造校园环境文化作为其崇高的教育追求不断践行。

第一节　学校文化宗旨与特质

随着社会经济的发展，我国大部分学校的校园环境的硬件设施建设取得了长足进步。人们对校园环境的追求，也逐步从实用、美观，上升到了精神文化层次，校园环境的育人作用越来越受到人们的重视。校园环境的好坏，已日渐成为人们评价一所学校办学实力的重要标准。所谓环境，是指围绕在一定主体周围并对主体产生影响作用的各种客观事物和条件。学生的思想道德、行为养成，乃至世界观、人生观都是在一定的环境中形成并发展的，并受到环境的制约和影响。因此，学校德育工作的成效，必然离不开学校文化环境的影响。甚至可以说，学校的文化环境能对德育教育起到决定性作用。当代教育希望建设环境优美的学校，让每一个来到学校的人都有美的享受，因此追求"美"是当代教育校园物质文化建设的诉求。当代教育的校园美不仅体现在物质层面，更体现在精神层面，我们不仅追求校园景观建设的美观，更注重校园环境文化要具备一种人文之美，最终形成当代教育独具特色的文化——学校文化。

一、学校文化建设的宗旨

学校文化，就是以学生为主体，以育人为主要导向，以学校精神文化、环境文化、行为文化、制度文化、各种文化活动为主要内容，以校园为主要空间，以校园精神为主要特征的全校师生创建的一种群体文化。它主要包括以学生校园生活为主体的文化观念及学生特有的思维特征、行为特征和方式；学生课余生活中一切以群体形式出现的文化活动，如各种社团活动，最能体现学校文化本质内容的是校园风气或校园精神。学校文化活动是自发的，也是自觉的；是受社会生活影响也受自我心灵主宰的，是无处不在的，是充满现代意识的，也是反映全校师生复杂心态的；既是心灵的自然流露，也充满创造力；是受时代文化潮流影响的，也是苦乐兼备的。人生与社会、理想与追求、情与爱，都会在学校文化中表现出来。

学校文化作为学校所具有的特定的精神环境和文化气氛，它既包括校园建筑设计、校园景观、绿化美化这种物化形态的内容，也包括学校的传统、校风、学风、人际关系、集体舆论、心理氛围及学校的各种规章制度和学校成员在共同活动交往中形成的非明文规定的行为准则。健康的学校文化，可以陶冶学生的情操、启迪学生的心智、促进学生的全面发展。所以，教育者对于学校文化建设工作不能不重视。

学校文化的建设需要秉承一定的宗旨。明确学校文化的宗旨，就是给学校文化建设工作予以目标指引，使其不偏离方向，从而最大程度发挥它的育人作用。学校文化的宗旨，就是为培养青少年成才提供最好的舞台，就是让当代教育有一个完整的时空体系，演绎当代教育的精彩。学校是培养人才的地方，学校文化的一切教学工作、一切科研工作、一切师生参与的活动，都应以学生的健康成长、成为有用人才为中心。在这个意义上，可以说学校文化的根本宗旨就是"一切为了学生"。

二、学校文化的特质

学校文化具有以下三方面的特质：

第一，互动性。学校文化是学校教师与学生共同创造的。师生都是文化创造的主体，但是教师的作用是关键。尤其是校长的办学理念、办学意识和行为对师生员工的影响不可低估，对学校文化建设的作用是巨大的。因此，在构建学校文化时，我们注重充分发挥教师的作用，由教师引导文化发展。另外也应该看到，学生则是这种文化的最大承载主体，离开了学生的参与，学校的学校文化建设就成了无本之木。所以，我们也积极引导和鼓励学生参与到学校文化的建设中来，让师生形成良性互动的关系。

第二，渗透性。学校文化，像和煦的春风一样，飘散在校园的各个角落，渗透在教师、学生、员工的观念、言行、举止之中，渗透在他们的教学、科研、读书、做事的态度和情感中。只要在学校里生活，或者工作，就会不自觉受到这种文化的影响和熏陶。就这样，它以一种润物细无声的教化方式，教化着学校当中的每一员。

第三，传承性。校风、教风、学风、学术传统、思维方式的形成，不是一代人，而是几代人或数代人缔造的，而且代代相传，相沿成习，似乎有一种遗传因子。所以按照文化传承的一般规律，学校文化一旦形成，就是一种文化基因，会一直传承下去。

三、学校文化建设的重要性

"一流的学校靠文化管理，二流的学校靠制度管理，三流的学校靠权力管理"，可见学校文化建设在学校管理中的作用是极其重要的。

学校文化要求拥有美化的自然环境。爱美是人类的天性。优美的自然环境具有陶冶学生心灵、熏陶学生行为、启发学生美好想象的作用。通过绿化、香化、净化、园林化、知识化，校园的一景一物，每堵墙壁，每个角落都在无声地"说话"。

学校文化要求拥有优化的人际环境。良好的人际关系是学生全身心投入学习的保证。在学校中，"领导＋长者＋朋友"型的领导角色，"师长＋父母＋朋友"型的教师角色，互助互爱、情同手足的同学角色是现代教育中的新型角色，颇受学生欢迎。

学校文化要求拥有净化学生的心理环境。市场经济条件下激烈的竞争给人的心理上造成很大的冲击和压力，与社会发展相适应的学校和作为社会一分子的学生自然受到影响。通过心理咨询活动，突出情、知、理，"心病要用心药治，心药最好是心语"，师长的心语会像甘泉，滋润学生纯美而健康的心田。心理环境的营造是新形势下学校文化建设既关键又迫切的一项任务。

四、学校文化建设的误区

（一）思想认识不到位

从认识论的角度来讲，是实践决定认识，认识反作用于实践。在学校文化建设的道路上，校方对学校文化建设的全面认识是极为关键的，但在实际情况中有部分学校由于认识的不到位而荒废了学校文化的构建。对学校文化的内涵认识不清，主要表现在：一是把学校文化局限于学生、教师和校园之间，认为教师和学生的教与学就是学校文化的全部；二是对学校文化的作用理解不够深，认为学校文化只是用来丰富一下师生的课余生活，对学校文化的意义及建设把握得不够系统与科学。

（二）建设重心不平衡

学校文化包括物质文化和精神文化两部分，物质文化是精神文化的载体，精神文化是物质文化的内涵，建设物质文化只是建设精神文化的一种手段，而精神文化的建设才是学校文化建设的最终目的。物质文化与精神文化建设的重量应该是平衡的，但在学校文化建设的现实中，重心失衡、顾此失彼的现象极为突出。

（三）地方特色不突出

当前，学校文化活动颇有千校一律的趋势，本土特色不是很明显。虽然说文化建设是有共性的，但是因为各地文化习俗及文化底蕴的不同，我们的学校文化建设也不至于是一种复制粘贴的模式。可惜的是，当前许多学校还不懂得发现与运用自身的特点和地方的文化特色与发展趋势，在学校文化构建过程中偏向大众化，没有显示出鲜明的个性，更糟糕的是在构建的过程中忽视自身实际，盲目追赶时髦，没有形成自己的文化底蕴，反而弄得"不三不四"。

第二节　学校文化的组成和价值功能

学校文化一般由物质文化和精神文化组成，其价值功能主要体现在育人方面，陶冶情操，提升修养，为学生成长创造一个良好的文化环境。

一、学校文化由物质文化和精神文化组成

学校文化是学校本身形成和发展的物质文化和精神文化的总和。

由于学校是教育人、培养人的社区，因而学校文化最重要的是其所包含的精神文化，即学校共同成员在学校发展过程中，逐步形成的包括学校最高目标、价值观、校风、传统习惯、行为规范和规章制度在内的精神总和。而校园物质文化，则起到体现精神文化的作用，能够将精神文化外化出来，从而对师生产生直接影响。

学校文化中，精神文化是目的，是灵魂；物质文化是途径，是载体，两者都是学校文化重要的组成部分和重要的支撑，缺一不可，互相促进。

（一）物质文化

物质文化，属于学校文化的环境设施和各类配套硬件，是看得见摸得着的东西。它包括校容校貌、校园布局、校内景观绿化、各类建筑雕塑、环境卫生等，它直接表现出师生所处的文化氛围，是加强学校文化建设的任务之一。

物质文化的每一个实体，以及各实体之间的结构关系，无不反映了某种

教育价值观。建设校园物质文化，就是要在自然环境的建设上创造出一种具有生命灵性、丰厚人文底蕴、和谐幽美高雅的环境。身处这样的环境，不仅可以让学生得到美的享受，也可以让学生陶冶情操、净化心灵，使他们形成良好的道德品质。

完善的校园设施将为师生员工开展丰富多彩的寓教于文、寓教于乐的教育活动提供重要的阵地，使师生员工教有其所、学有其所、乐有其所，在求知、求美、求乐中受到潜移默化的启迪和教育。完善的设施、合理的布局、各具特色的建筑和场所，将使人心旷神怡、赏心悦目，将有助于陶冶校园人的情操，塑造校园人的美好心灵，激发校园人的开拓进取精神，约束校园人的不良风气和行为，促进校园人的身心健康发展。

（二）精神文化

精神文化环境是指那些无形的、但又时时处处让人感觉得到的精神存在，它主要包括学校的办学理念、校风、校训、学风、文化活动等内容。精神文化环境是学校文化建设中最核心的内容。好的校园精神文化环境，具有凝聚人心、激励斗志，规范行为、弘扬正气、协调关系、鼓励竞争的诸多积极作用。它可以通过不断渗透、潜移默化等方式，使生活在其中的师生在思想观念、行为方式、价值取向等方面受到好的影响、得到教育。

学校文化建设除了提升学校文化物的品位外，还要重视人的塑造。它在多维变化的过程中通过辩证批判的取舍，经过提炼和升华，形成具有核心意义的校园精神。铸塑校园精神，简括地说，就是学校的生命活力，是学校独特的财富和资源，也是反映学校历史传统、办学特色、精神风貌的一种校园精神文化形态。作为一种深层次的精神文化，学校精神文化虽不具有表层物质环境文化和中介层制度文化那种直观可视有形的特点，但由于其精神已渗透或附着在校园各种文化载体及其行为主体身上，故使人能切实感受到它的存在，以及由它透视出的独特的学校文化感染力、凝聚力、震撼力。

我们曾有过这样的体会，每当置身于一所具有优良传统并享有巨大社会声誉的学校，总会感到校园里有一种富有生命力的东西不断撞击着自己的心灵，使我们感奋。如到北大、清华就使人油然而生这种感觉。清华大学在 111

年历史渊源中由"自强不息、厚德载物"的八字校训通过清华人自励自勉，传承升华，演绎为今天的"严谨、勤奋、求实、创新"的清华学风，辩证地塑造了清华学生行为与思辨、学习与创造、务实与求新的作风，成为清华学子在国家各个岗位上取得良好声誉的坚实基础，正是在这样优良传统和作风的熏陶下，清华培养了一批又一批治学、兴业、治国之才，由这种清华文化环境不断孕育积淀形成了清华独特的校园精神。

因而构建学校文化精神，是我们打造校园的核心任务。

学校精神文化建设是学校文化建设的核心内容，也是学校文化的最高层次。它主要包括校园历史传统和被全体师生员工认同的共同文化观念、价值观念、生活观念等意识形态，是一个学校本质、个性、精神面貌的集中反映。校园精神文化又被称为"学校精神"，并具体体现在校风、教风、学风、班风和学校人际关系上。

学校文化是学校发展和运行的内在机制，是维系学校正常秩序和长远发展的基础保障机制。每一所学校，都有属于自己的特色学校文化，这是学校发展的独特的精神基因，也是学校文化传承的价值，能够真正起到规范校园师生言行的作用，能够促使学校文化组织机构的健全和完善。同时，学校文化所独具的特色还能够激起师生的自豪感与自觉维护学校文化的积极性，从而让学校文化队伍更加勤奋与能干。所以，好的学校文化必定具备自身的优良特色。

正因为如此，我们在搭载学校文化时，特别注重凸显自身办学特色。在当代教育的特色文化影响作用下，全校师生积极开展学校文化活动，加强学校文化建设，巩固这种特色，创建学校文化品牌。

二、学校文化的价值功能

每一种学校文化，必然有其存在的价值与功效，我们称之为文化价值功能。而学校文化，同样对学校的发展和师生的成长有着特别的价值。当代教育理念营造下的学校文化，拥有可以陶冶学生情操、启迪学生心智、促进学生全面发展的文化价值功能，具体来说，包括以下几个方面：

（一）提升素质

学校文化的功能，不是直接可以触摸得到的，然而生活在校园之中的人时时处处可以感受得到。学校文化能促进师生科学文化素质和思想道德素质的全面地、不断提升。素质的提升，不完全来自课堂教学的功效，课堂之外的活动，包括同学间的人际交往、师生间的语言思想上的交流，以及课外娱乐活动、必要的社会实践、社会调查、社会公益活动是提升素质的重要渠道。学生可以通过所见、所闻、所感、所想，时时刻刻受到校园优质文化的熏陶，从而从言谈交流、深入思考、动手实践等多方面提升自己的综合素质。

（二）培养道德情操

学校文化环境向来是学校德育工作的一大阵地。学生们的行为规范，主要在校园环境中通过耳濡目染的方式养成。因此一个谦虚奋进、和谐健康、团结友爱的学校文化环境，必然能培养出拥有良好品德的学生。学生自己组织的社团活动，比如诗社，让每个人都能够领略诗歌文化魅力，创作喜欢的诗歌；比如体育竞技比赛、登山、游泳对训练体能、增强体质的好处自不待言，其中对培养团队精神、合作意识、坚忍不拔的意志力、拼搏精神是不可或缺的手段与方式，因而学校文化能帮助师生培养良好的道德情操。

（三）营造文化氛围

在充满文化的校园，师生可以获得参加各种各样的文艺、体育、军训、理论探讨、学术报告、参观博物馆等的机会。这些文化活动能够营造一种生机勃勃、积极向上的文化氛围。孩子们置身于这种环境之中，受这种精神的熏陶，耳濡目染、潜移默化，久而久之，就会成为一个有知识、有教养、有进取精神、有良好气质、天天向上的人。

第三节　学校文化的特点

校园文化具有美丽、平安、快乐、幸福、健康等特点，可见校园文化建设追求的是积极的价值引导，能够真正让生活在其中的师生感受到幸福与快乐。

一、学校文化是美丽的

学校文化给人的第一感觉就是美，环境美，人性美。这便是学校文化的第一大特色。爱美是人类的天性，优美的校园环境和文化氛围具有陶冶学生心灵、熏陶学生行为、启发学生美好想象的作用。通过绿化、香化、净化、园林化、校园景观内涵知识化，让校园的一景一物，每堵墙壁，每个角落都能无声地"说话"，成为能够对学生每时每刻进行教诲的良师益友。如在教室的长廊上布置学生优秀的诗歌、留言、美术、书法作品，在校园的橱窗里挂上学生丰富多彩的实践活动的照片，在校园内开辟一片生态园，让学生置身于知识的时空，徜徉于欢乐的海洋，陶醉在美的意境中。

校园是师生共同生活、工作、学习的场所，其环境优美与肮脏，秩序井然与混乱都直接影响培养合格人才的大问题。我国历史上"孟母三迁"的典故就是文化环境成功熏陶人的范例。

小学生乐于处于欢快活泼的环境当中，对色彩的兴趣很高。学校文化正是依据小学生这一心理特点，特别注重环境建设，力争使环境达到宽松而活泼、明丽而清新、高洁而和谐的总体效果。此外，学校在不同的场所设置不同的文化内容，是教育内容的多样化，以达到不同的育人效果，从而有助于全面提升学生综合素质。我们还利用不同的建筑空间和用途，精心建设各种学校文化等。

学校为凸显环境文化的教育魅力，还在绿化、美化、净化上下功夫，枝繁叶茂，百花争艳，绿树成荫，真正实现了四季有花开，四季有绿色，使校园具有花园式风格，达到了美丽的环境净化人，文明的环境熏陶人，健康的环境教育人的育人效果。如今，优美的校园环境熏陶着每一个学子，起到了很好的德育功能。

二、学校文化是平安的

平安是国家、社会、家长和学校共同的心愿，是孩子成长最重要的前提保障。"百年大计，教育为本"，学生的成长和教育问题，是政府、学校、家长以及全社会广泛关注的问题。校园里一些意外伤害事件的发生让家长和学校防不胜防，也为青少年的健康成长带来了不和谐音符。如何建立一套有效的安全防范系统，杜绝校园内的安全隐患，成为家长和学校亟待解决的问题。家长和学校之间的及时沟通和互动，也是家校双方在处理突发事件，以及对学生日常情况及时掌握的一项必备手段。创建平安校园就成为学校文化最重要的目标，有效维护校园及周边治安秩序，确保校园安静、学生安全、周边安稳、家长安心。

何谓平安？顾名思义，平安就是太平、安全。人生在世谁不希望过一种太平、祥和、安全的日子呢！作为老师，作为家长，作为校长，都希望孩子们高高兴兴上学，平平安安回家。

校园，是求知者的天堂，是探索者的乐园。为学生们创造一个安静、和谐、健康、平安的学习和成长环境，让我们"高高兴兴上学，平平安安回家"，这不仅是我们的心愿，也是全社会的心声。为了构建平安校园，首先，要在校园安全及周边治安综合治理上要多管事、办实事，确保不出事；其次，要切实担当起长期而艰巨的治安治理责任，将纸上写的、口上讲的落实到行动中，要求从严、追责从严；再次，要持续开展专项整治行动，推动校园及周边治安综合治理；最后，要形成安全文明校园的创建制度，利用制度推进校园安全管理。

三、学校文化是快乐的

快乐是一种情绪，快乐是一种心情，孩子只有在一种快乐的学校文化环境中，才能更加美好健康地成长，养成良好的品性。秉承当代教育理念，上下齐心，努力把学校打造成为一所快乐的校园。建设和谐快乐校园是学校文化的追求，通过多种方式，营造出充满快乐的校园生活。让师生们在紧张的教与学中，感受到和谐快乐。保持快乐的心情、稳定的情绪，并在此基础上，进行课程开发，实现师生们更深层次的快乐体验。

校园的生活，是快乐的；课堂的内容，是丰富多彩的；身边的同学，玩得开心，是幸福的。在这种校园里，每一道缝隙，每一处角落，都充满了同学们的欢声笑语，因为，师生都是幸福的一家，老师是我们的父母，而同学，就是我们的兄弟姐妹。这样的一个大家庭，让师生每一天都其乐融融。

学校是儿童生活成长的家园，儿童群体有属于自己的行为方式和相互认可的游戏规则，有属于自己的文化，儿童文化是学校文化的瑰宝。学校文化的主旨是儿童文化的建设和发展。在学校环境建设中，以"儿童气息"为理念，着眼于校园环境文化氛围对学生的熏陶和感染。走进校园，让一草一木都会说话，在浓浓的学校文化氛围中，让学生获得心灵的感悟。让学生与校园中的一切自然的非自然的景物亲近、相融，使校园里每个师生都感受到快乐，享受快乐。

四、学校文化是幸福的

学校文化帮助全校师生建立起正确的幸福观，快乐地想方设法、自主创新促发展。真正的教育是幸福的教育，真正的校园应该是幸福的校园。

幸福，是人的主观感受。主观是受客观因素影响的，但绝不是客观因素的风向标和传声筒，常说的"当我不能改变环境时，我可以改变我自己对环境的态度""仁者乐山，智者乐水"等，都是主观感受独立性的表现。幸福是需要通过发掘、锻炼和学习才能愈益强健的心理品质，是一种积极、开朗、向上的正面心态，是满意和自足，是感激与感恩。学校是师生心灵成长的场所；幸福是事业发展的出发点和落脚点，是人类追求的共同目标。不同国家、不同社会、不同人群对幸福有不同的理解，有不同的幸福观。从总体上讲，幸福是人对客观存在的一种描述，是对主观意愿的一种感觉，层次和内涵都很丰富。就学校而言，建设幸福校园，想方设法让学生满意，让家长放心，让教师安教、乐教，努力提高全校师生的幸福指数。

一是不断改善办学条件，创建舒适的工作、学习、生活环境。离开物质条件谈幸福，似乎有点儿空谈。物质条件是幸福的基础，非常重要，不可忽视。世界上无论哪一所名校，都拥有良好的办学条件，师生都在一种良好的环境中学习和工作，身心愉快，自然能感受到良好的学校文化。应该努力改善办学条件，给教师创造更好的工作环境，给学生创造更好的学习环境，提升师生的校园生活质量。

二是要让教师树立崇高的教育理想，切切实实把教育事业当作成就自己人生的宽广舞台，在教书育人的工作中真正感受到快乐。这就需要加强对教师专业素质，特别是师德的培养，让他们充分意识到教育事业的崇高性，体会到自己作为人民教师肩上所背负的伟大使命，从而激发教师的职业自豪感。同时要引导教师建立起正确的幸福观，快乐地想方设法、自主创新促发展。

三是在保工资运转的前提下，适当提高教职工的福利待遇，为教师能够幸福生活提供物质上的保障。根据国家政策与学校实际情况，修订完善学校工会福利制度，为教师提供更好的福利保障，让教师安教乐教。

四是设法提高师生精神生活质量。我们可以通过组织师生观看艺术展、歌舞剧表演、开设文体俱乐部等形式，为师生搭建一个培养兴趣、释放压力的场所和舞台。

五是进一步加强保安值班制度，加强安全教育和卫生教育，加强安全管理，建设平安校园。

通过这些措施，我们将学校建设成为一个和谐温暖、快乐幸福的大集体。所以，大力营造温馨和谐"家"的幸福氛围，全方位关心师生的身心健康和学习生活，掌握师生思想动态，帮助师生解决实际困难；坚持"以人为本"，关心教职工的身心健康、事业发展和思想生活，帮助教职工排忧解难，大力营造温馨和谐"家"的幸福氛围。

五、学校文化是健康的

校园，是我们学习工作的重要场所，健康的校园是我们一切活动的重要基础。健康包括两方面的含义：环境健康和身体健康。这两者都是学校文化的特色，只有做到这两点，才能够保证其余的目标实现。

校园环境卫生的好坏直接影响到老师和同学们的工作、学习和生活，同时，校园环境卫生也是一个学校文明程度的重要标志，是学校对外形象好坏的直观影响因素。保持学校环境的健康卫生，有利于创建一个干净整洁卫生的校园，这样有利于防止疾病传播，有利于师生的健康生活。优美的环境，让我们懂得珍惜，学会爱护；让我们知书达礼，更加文明；让我们学习进步，道德高尚；让我们学会谦让，学会做人。在优美的校园环境中，我们沐浴着阳光，吸取着营养，增长着知识。

学生身体和心理健康卫生主要是关注学生的身心健康卫生问题，研究儿童少年的健康和发育同教育及生活环境的相互关系；分析影响儿童少年的不利因素并加以控制；提出预防疾病、保障儿童健康的卫生要求和措施。学生的身心健康，除了身体因素的健康之外，也指他们在心理上和行为上经常、稳定表现出来的各种特征的稳定。学生的心理特征普遍表现为思想活跃、善于独立思考、参与意识较强、朝气蓬勃的精神状态等，这些有利于学生的健康成长。

第四节　文化凝魂与文化育人

教育是一项复杂的育人工程，校园是传承文化精髓的主要阵地。学校文化，能够凝聚人的灵魂，让人朝着真善美的方向发展；学校文化，能够培育人的生命，让人朝着社会所需要的素质方向发展。学校注重学校文化建设，坚持文化育人，发展有灵魂的教育。学校优化校园自然环境，突出"美"；播撒书香与美德，用学校文化浸润学生心灵，突出"育"。学校为学生打造轻松的学习文化，让学生巧学、乐学；同时也培育教师学习文化，让教师自我超越、快乐工作。学校还注重发展科技文化，实现传统文化与现代科技文化的成功融合，通过学校文化凝魂与学校文化育人，实现和谐发展，全面发展。

一、学校文化是师生孕育理想信念的摇篮

学校文化尊重生命的需要。关注学生的生存环境，促进学生的成长，实现人的发展的教育目的。提升学校的文化品位，丰富教师的文化底蕴，发展学生的综合素质，这是学校的本质定位和发展根本，更是教师成长的关键。学校不仅是一个场所、一个机构，更重要的是教师和学生发展的共同载体。可是现

实中，教育外在的东西越来越多，而内在的东西越来越少；学校越来越繁荣却也越来越干瘪，越来越豪华但也越来越贫瘠。说到底，是丢掉了学校的根本内核，丢掉了学校的文化主体存在。

学校文化会赋予师生知识、智慧、思想、精神、判断力和创造力等，从而使学校有能力依靠自身的力量实现学校的超越发展和持续发展，使学校有力量造就高素质的师资队伍和人才群体。文化不仅能驱动学校内涵发展，而且文化自身就是学校的主要构件。学校的一切行为差不多都是文化行为。师生为本，文化为魂，以文化兴校才具有生命力。

二、学校文化润泽心灵，启迪智慧

学校文化是人类所创造的优秀文化在学校的集中反映，是学校的灵魂。在当前的社会大环境下，学校的文化底蕴越厚，学校的发展基石就越牢，潜移默化的影响就越大。培植自己的学校文化，就是在培植一个巨大的教育磁场，它对学生起着净化心灵、修炼德行、丰富情感、强化意志、提升精神的作用。

学校文化用文化浸润心灵，探索德育途径，教育学生懂得并逐渐养成同学、邻里、亲友之间相互尊重、平等待人、坦诚相待、乐于助人、与人为善、珍惜友情，还要讲求原则，正确处理正当竞争与维护团结的关系。

三、学校文化培养个性化班级和团队文化

班级文化是一个班级的灵魂，是每个班级所特有的。随着课程改革的推进，营造自主合作、和谐宽松、积极向上的学习环境成为班级文化建设的主要任务。各个班级的切入点不同，着手不一样，看起来千差万别，其实殊途同归，都是在"内化"上下功夫，提高学生素质，完善人格。帮助学生对班级产生认同感和自豪感，更为重要的是他们的设计活动有助于挖掘学生的创造力、合作力，加强班级的凝聚力，增进学生间的了解和信任。

团队文化是一个团队的精神，是每个团队成员都应该重视和拥有的。学校文化里，有很多特色的团队，比如说每个年级甚至到每个班，都有自己的

社团，这些社团文化，就是这些团队的文化，这些团队都有属于自己的精神文化，熏陶着每一个团队成员。

四、学校文化的德育功能

学校文化有利于陶冶学生的情操。学生在优美的校园环境中受到感染和熏陶，触景生情，因美生爱，从而激发学生热爱学校，进而热爱家乡、热爱祖国的高尚品德。学生在幽静的环境中学习，感到舒心怡神，从而增强环境保护意识。丰富多彩、健康高雅的学校文化，对低俗的非理性的文化及各种消极腐败思想也能起到很好的抑制作用，所有这些都有利于学生正确的世界观、人生观、价值观的形成。

学校文化有利于规范学生的行为。健全的规章制度及健康的集体舆论对学生的学习、生活及思想言行具有规范作用。当学生的思想言行不符合制度规范及集体舆论的要求时，他就会自我调节矫正。学生有时可能不接受老师的教育，但却不能反驳同学们的批评，谁都不愿意成为"众矢之的"。优美的校园环境同样能规范学生的行为，试想：你会在地面光洁、环境优美的场所乱扔纸屑、随地吐痰吗？你会在雪白的墙壁上乱涂乱画吗？不会！这些不良行为都会自动消失。

学校文化有利于培养学生的集体意识和协作精神。学校文化建设是以学校集体为单位，注意学校的集体形象。这就要求学生必须处理好个人和集体之间的关系，注意相互间的协作，必要时为了集体利益要牺牲个人利益，否则就会受到来自集体的人际压力。这种来自外部环境的压力和自身的需要都要求学生处理好个人和集体的关系，以建成一种友好互助的群体氛围。反过来，一个充满理想、团结友好的集体会使学生亲身感受到集体的温暖，体会到集体力量的伟大，从而树立个人要服从集体、严于律己、宽以待人、"国家兴亡，匹夫有责"的集体主义思想观念。

学校文化有利于培养学生的健康个性，促进学生的心理健康。学生渴望精神生活的丰富多彩，而且不同的人有不同的兴趣爱好。多彩的学校文化适应了学生精神需求的多样化、个性化的特点，避免了对学生人格塑造单一化的倾向，使那些个性特长较突出的学生找到适合自己的教育培养方向，并在活动中看到自己的价值，从而激发他们的自主性、自尊心和自豪感，树立一个真实、完整、积极的自我意象，形成积极向上的生活学习态度。当今学生的心理适应能力是比较差的，而优美的校园环境、丰富多彩的学校文化、和谐的人际关系能培养学生较强的心理适应能力。学生置身于优美的校园环境中会感到心旷神怡而暂时逃离"神经紧张，甚至心烦意乱"的境地，在轻松的心境下，心窗打开，可增强进取心，从而自愿接受困难的挑战。丰富多彩的活动一方面扩大了学生的交往圈，使内向孤僻的学生合群并找到知心朋友，扩大胸怀；另一方面也使学生因沉浸在欢乐或业余爱好中，因注意力转移而冲淡和忘却不愉快的心理因素，就不至于"越想越别扭，越想越伤心"了，从而促进学生健康心理的形成。

学校文化力求弘扬人文精神，就是要加强人文知识教育，包括努力发掘中华民族文化宝库中的教育资源，利用现代教育手段实行开放式教育，努力营造高品位、高层次的人文氛围培养学生的人文底蕴。有了坚实的人文底蕴就会牢固构筑起学生正确的精神支柱，而正确的精神支柱的构筑，对于学生崇高的思想品质的形成和发展具有精神催化的重要作用。

现代社会需要的人才应当兼具科学人文双重品质，而文化底蕴是构成人的科学文化素质的根本，文化底蕴厚实充足程度造成人的科学文化素质的高低之分。文化底蕴是蕴藏于千姿百态的文化载体现象深处的思想精义，它是人类文明进程中，在文化发展史上，经过千锤百炼而凝聚升华的一些最基本的思想观念、价值标准和思维方式。一个人思想道德观念总是以一定的文化底蕴为基础，一定的人文意识又总是蕴含着一定的价值观念，因此人文素质对一个人思想道德素质的提高和发展起着重要的作用。文化底蕴是在接受教育熏陶中，在自己的实践过程中逐步把握和领悟的。这种实践过程既是运用文化工具认识世界、改造世界的过程，也是主体自身修养的过程，即治学修身同时并举。

学校文化是一种特殊的学校文化和社会文化，是师生在特定的环境中创造的一种与社会时代密切相关而又独具校园特色的人文氛围、校园精神和生存环境。学校既是人类文化集中传播的地方，又是坚持以科学的态度去开辟新的文化的阵地，它处在社会文化发展的前沿，既与社会主导文化相适应，同时自身又处在不断发展变化中，以创造新时代的文化，推动社会文化的发展。学校文化建设要以社会先进文化为主导，以师生文化为主体，以校园精神为底蕴，从营造和优化素质教育的育人环境和浓厚素质教育氛围的高度来研究和建设学校文化，充分发挥学校文化的凝魂和育人功能。

第三篇

领导力提升与教师队伍建设

　　学校是一个多因素、多层次、多系列、多结构的复杂的综合体，要把这个综合体里的每一个成员的智慧和力量充分发挥并最优化地组织起来，高质高效地完成各项教育教学任务，学校管理者的执行力和领导力起着关键性的作用，因此必须要提升学校领导的执行力和领导力。教师是学校核心教学队伍，领导力再强，具体的教育教学活动实施，还得依靠优质的教师队伍，因此加强教师队伍建设，尤其是促进教师的专业化发展就显得尤为重要。教师的专业成长，应以教师为本位，帮助教师深入理解所教的课程，为教师提供课堂教学实践的机会，提供宽松的职业环境，使教师能获得更多的发展空间，使其能充分发挥自身的专业潜能和创新能力。

第七章

领导力与现代学校发展

　　领导力，是指一种基于领导发展的综合能力，它对学校的发展与进步有着极大的影响和促进作用。现代学校的发展，离不开领导力。领导力一般是指学校领导层，尤其是校长具有的能力。任何一所现代学校的发展，校长的领导力水平有着极大的影响。

第一节　领导力特征

　　校长领导力是校长在领导教学过程中所展示出来的多种能力的组合，这些能力因为教育目标、教育对象、教育方式和教育环境等因素的特殊性，决定了校长领导力具有自身特点。

一、全局性

　　要想把教育办好，作为学校一把手的校长就要有全局意识，要能站在整体的角度和全局的高度来思考、分析和解决学校发展和建设中的问题。有些校长认为，总揽全局的事是大领导管的事情，自己在地方、基层工作，处于局部地位，做的是具体的事，没有必要站得那么高、看得那么远，管好自己的"一亩地三分地"就是最好的校长。这种观点是绝对错误的，古人言："不谋万世者，不足谋一时；不谋全局者，不足谋一域。"毛泽东同志也曾说："懂得了全局性的东西，就更会使用局部性的东西，因为局部性的东西是隶属于全局性的东西。"

　　在新一轮课程改革实施并不断深化的今天，基础教育改革进入深水区，学校的生存与发展面临着难得的机遇，也迎来了多方面的日益严峻的挑战。校长要敏锐地把握住社会变化发展的趋势，及时捕捉到有利于学校发展的教育信息，同时，校长要有教育的全球性视野，要置身于大环境中去思考学校办学，将学校办学与国脉民生紧紧相连，用开放的思想建设学校，用世界的眼光谋划学校发展。这就要求校长要站在国家兴亡、民族振兴、社会进步的高度关注教育。关注身边的教育，关注学校的教育，更要关注中国的教育乃至世界的教育，不断丰富教育思想，更新自己的教育观念，跟上时代发展的脉搏。只有这样，校长才能在深化教育教学的改革工作中，带领师生员工奋发图强、迎接挑战，领导学校驶向成功的彼岸。因此，校长的胜任力具有高度的全局性特点。

二、综合性

学校教育是复杂的系统工程，育人的本质属性决定了校长胜任力必须具有综合性的特点。成功的校长在领导学校教育教学活动中一定是多种能力共同作用的结果。从微观层面来看，学校的制度建设、日常管理、课程评价、教学资源整合等，需要校长在工作中综合运用各种能力，校长在与教师进行教学研讨的时候，需要校长很好地展现自己的表达能力、驾驭知识的能力；在与家长、社区通报学校信息时，需要校长出色地展现自己的沟通能力和协调能力，在与教职工研究学校工作的时候，需要校长表现出反思能力、大局意识等；从宏观层面来看，校长不但要为学校制定发展规划、确立发展愿景，对内还要组织教职工落实规划、实现愿景，对外要协调社会各界力量，认可学校发展规划、支持学校发展愿景的实现。

可以说，校长的胜任力不是局限于学校的某一领域或某一方面的，而是体现在学校的方方面面，具有综合性的特点。

三、稳定性

能力是个体内在的综合素质和个性心理特征，具有一定的稳定性。能力是个体的生理机能和后天发展的结果，随着个体的成长发展，能力也在相应地提升和增进。因此，在一定的阶段，能力具有稳定性，它不因环境的变化而改变。

从广义的角度而言，校长领导力是校长成功引领学校教学发展、课程建设和促进师生发展的基本能力，是校长的内在综合素养和个性心理特征，不仅具有示范性、综合性，还具有稳定性。这主要体现在两个方面：一是领导力是校长在经过长期的学习、培训和自我反思的基础上形成的基本能力，是校长稳定的内在心理特征，不因工作环境的变化而变化。二是校长领导力的构成要素是相对稳定的，主要表现在引领和规划学校发展、提升教学水平、加强课程建设和促进师生发展方面。因此，校长领导力的稳定性特征，保证了校长适时合理地指导学校教学，提升教学质量。

四、示范性

学校与其他社会组织机构相比有其特殊性，学校是一个有目的、有组织的、专门进行教育活动的社会群体，是以育人为核心工作，以教师的人格力量去塑造新生代人格发展的地方，其主要目标是培养全面发展的人，"那就是作为人而追求人的进步，在于培养人类的智慧，发扬人性、完善人，其目的是'人'不是'人力'。"培养人的工作不是一朝一夕就能完成的，它需要教育的多方合力共同实现。校长作为一校之长，师者之师，人之模范，其一言一行无不对全校师生产生各种各样或积极或消极的影响。

校长的领导力就是校长通过平时对师生的组织纪律规范、教育理念的灌输、社会核心价值的引导，向师生传递正向影响力的过程。校长通过"言传身教""上行下效"的教育方式，为全校师生树立学习的楷模、追随的表率，因此，校长的领导力既有很强的吸引力，同时还具有典型的榜样示范性。

第二节　领导力在学校发展中的作用机制

校长领导力并不是一个仅仅基于校长特质的独立存在，而是在与学校教育教学各方主体联系互动的环境中得以充分体现的。领导力既是校长自身所具有的独特能力，也是受到学校客观条件限制的能力，其作用的发挥，既有主动性，也有客观性。

一、个人特质是校长领导力的起点

校长特质是多方面的，而非一个笼统的统一内容。虽然从表面现象看，个人特质总是以不可分割的整体面貌展现于他人面前，但在对特质的认识过程中，人们通常还是将这种整体感受分为各种各样的品质。因此，所谓校长个人特质，是校长各种个人品质的集合称谓，是"复数"形式的。校长个人特质是校长领导力的重要基础。在教育界，校长的个人特质都被认为是教学领导及胜任与否的必要条件。具有不同个人特质的校长，在教学领导过程中所展现出的素质、风格、方法使用与实际效果都不一样。严于律己、以身作则的校长，在教学领导的过程中，更能获得同事、教师与学生的认可与尊敬，自然能对教学领导的效果产生积极的促进作用，其领导力也随之增强。而那些专于心计、多谋私利的校长，产生的也一定是"上梁不正下梁歪"的示范效应，全校教职员工肯定人心涣散，难以齐心协力，其对教学的领导也必定难谈胜任。可以说，校长个人品质直接影响着教学领导的效果，也直接影响着校长的领导力。这里无须过多说明，在教学领导实践过程中，有无数事例可以佐证。

不过，值得一提的是，校长个人特质与领导力并不能直接画上等号。领导力所体现出的个人特质非校长一定具备的个人特质，亦非校长的全部个人特质。换言之，好的个人特质能够促进校长领导力的反映与提升，但并不是所有的校长拥有了优秀的个人特质就一定能具备领导力。校长教学领导有其自身的独特规律，校长的领导力也是通过一系列复杂的过程综合体现出来的。

二、校长领导力从校长"自身工作"向"领导工作"延伸

校长领导力作用的发挥与校长职务工作的特殊性有密切关系。校长职务特殊性取决于校长这一职位具有"领导"的特殊身份。通俗言之，就是校长是其所处的学校这一特定工作环境中的"官"。这种"领导"身份意味着校长的

工作既包括（与其他所有工作一样）需校长亲历完成的"自身工作"，也包括对其他相关单位与人员的工作进行安排、监督与检查考核等"领导工作"。因此，校长教学领导力除了与校长"自身工作"的"所作所为"有关，还与其"领导"的相关单位、人员的"所作所为"相关。校长的"自身工作"与"领导工作"是密不可分、相辅相成的。

但从价值层面来看，从某种意义上讲，对于一个单位的领导而言，"领导"工作比"自身"工作可能更具价值，更能决定作为集体存在的一个单位整体工作的成败。因此，仅就校长职务特殊性来看，校长领导力除了通过校长对"自身工作"的顺利完成来体现，还应该向校长的"领导工作"延伸。

三、校长领导力作用于学校的各教学主体

校长领导力作用于学校的各教学主体，这是由校长教学领导的特殊性决定的。教学领导特殊性取决于教学活动的"个性"。当以学校作为基本单位对"教学"考察时，"教学"不应仅包含狭义的课堂教学，更应该与广义的学校教育趋于一致。教育教学活动具有如下"个性"：

一是学校教育教学是"有组织的"，这意味着校长的教学领导工作针对的是有层级的整个学校教学系统，校长教学领导工作既是这个层级系统中的一层，亦针对整个层级系统。在自属的层级中，校长的教学领导工作参与方式是直接性的；在针对整个层级系统的工作中，其参与方式是间接性的。比如学校层面的教学工作会议，是属于校长直接参与的；而每个班级的教学授课任务，就是由教师直接进行的，校长参与的班级的教学授课任务虽是直接性的，但身份却是教师，因此不应算作校长直接教学领导，校长只是通过对学校教学组织的安排与管理进行间接参与。对学校教育工作中的这个"层级组织系统"的直接与间接影响，应该是校长教学领导的主要工作，理所当然地也应该是校长领导力所包含的范围。

二是学校教育教学是"有计划的"，这种"计划"对校长的教学领导产生着关键性的影响。课程专家古德莱德区分了不同层次的课程，将其分为"理想的""国家的""地方的""学校的""教师的"与"学生的"六个等级。虽然古

德莱德的理论对象是课程，但对于教育教学计划同样适用。根据这个理论，校长教学领导工作实际上就是依据从"理想"到"学生"这六个等级依次展开教学"计划"与"执行"。只是，"理想的""国家的""地方的"三级教育教学计划是宏观层次（相对小学校而言），教育教学计划的制订与领导主体是教育教学专家、国家及地方的教育行政部门，校长很难参与其中（少数知名校长除外）的计划制订过程。针对这三个宏观层次，校长教学领导的主要工作是对它们进行理解、把握与转换。而最需要发挥校长教学领导作用的，是在"学校""教师""学生"这三个层次对学校的教学进行全盘计划，并透过这些计划对学校的教学进行影响。在学校层面，学校教育教学的方向、目标与愿景，学校教学的组织与开展，都直接来源于校长的教学领导；在教师层面，校长教学领导对教师队伍的整体水平、教学能力、专业发展的整体面貌起着"组织上间接"却至关紧要的作用；在学生层面，校长教学领导看似关联性更远、作用力更弱，但实际上这些"毛细血管"的作用发挥同样离不开"主动脉"的滋养。无论是校长对宏观三层次教学计划的把握与转换，还是对学校内部教学计划的主导与实施，学校教育教学"有计划"这一特点，是校长教学领导工作开展所依附的一条隐性支撑，为校长教学领导提供的是工作的方向与脉络。根据这一发现，不难判断，这一特点也影响着校长教学领导的胜任力。

三是学校教育教学的对象是"欠成熟、待发展"的学生主体。这一"个性"具备两层含义。第一层，它描绘了教学对象的基本特点，即身心都还不成熟、仍处于发展阶段的儿童、青少年。第二层，它规定了教学工作的基本任务，即让这些身心都还不成熟的儿童、青少年通过学校教育教学走向身心的成熟，将发展的可能性转化为实效。这两点将校长教学领导与其他方面的领导工作完全地区分开来，并确定了教学领导工作的核心位置。首先，它确立了校长工作的合法性。因为发展欠成熟的学生是学校这一机构得以设立的基本前提，也自然是校长职位、职务得以确立的基本前提，是校长工作的逻辑起点与最终落脚点。其次，校长工作由包含教学领导工作在内的诸多板块组成，各项工作的中心如何、重点何在与如何组织便成为校长工作必定涉及的问题，而哪项工作最有利于学生的发展必将成为校长最重要的工作。毋庸置疑，处于校长工作中心的必定是教学领导工作，其他工作都是围绕着教学领导开展并为其服务的，这也由学校的性质确定。最后，学生的发展也是检验校长工作，尤其是教学领导工作的最终标准。虽然校长的教学领导工作在绝大多数情况下并不与学生发生直接的接触，但校长教学领导工作一定会通过各种途径、各种方式影响学生发展，并最终转化为学生的发展。不过，校长领导对学生发展的影响是整体性的，而不是个别的。换言之，针对个别学生的发展，教师、家庭及其个人素质与学业态度对其影响更大，但将全校学生的整体发展作为考察对象，校长教学领导则一定是最重要的影响因素之一。那么整个学校学生整体发展水平的优劣，必然是检验校长教学领导胜任与否的最终标准。

四、校长的领导力作用渠道多样化

校长领导力，一定是对校长教学领导工作全方位的品评——既包括校长的自身工作，也包括校长的领导工作；既包括受校长工作直接影响的单位与主体，也包括受间接影响的单位与主体。在学校这个以教学为中心组成的机构之中，校长毫无疑问地处于顶端位置，通过一系列渠道对学校内的全部教学主体发挥影响，完成其教学领导。而校长领导力，就体现在这一系列影响渠道的得失成败之中。总的来说，校长通过三条渠道与学校教学的各方主体进行联系和互动。

（一）学校教学的思想渠道

这条渠道传播的是校长对教育教学理念、学校教学基本任务、发展方向及规划等思想领域的基本认识。当然，这些基本认识能够通过学校办学理念、发展目标、校园文化等方面作为载体进行展现。思想渠道所涉及的问题，都是关系着学校现在及未来教学发展的重要问题，校长作为学校发展的"掌舵人"，对这些问题的认识、把握与规划如何，直接决定着学校的未来。从全国范围内的学校办学教育实践来看，有因校长在教学领导中缺乏高瞻远瞩的办学理念与方向，只顾应试之争而"坠地"的"名校"，也有因校长慧眼抓住教育教学的时代节奏而"翻身"崛起的"弱校"。但仅是校长自己对这些宏观问题的认识，对校长教学领导力而言还不充分，还需要将这些认识向其他教学主体"移植"，统一思想，形成学校全体力量所认可、所坚持、所努力奋斗的教学理念与思想。可见，在校长教学领导的思想渠道里，校长领导力体现在校长自己对这些问题的认识及将这些认识向其他教学主体"移植"两方面。学校发展看似保守缓慢，实则在历史之河中起起落落也仅在挥指之间，一位在教学领导的思想领域能上观"天时"、下达"人和"的校长，才能配以"胜任"一词。

（二）学校教学的组织渠道

这一渠道是校长教学领导的执行力量，通过这条渠道，校长教学领导在思想渠道中的目标得以落实。一般而言，在我国的学校体制中，校长教学领导通过行政与教学两类组织进行。行政组织包括教务处、学生处、科研处等管理与服务性质的单位，教学组织则是年级、班级、教师学科科研组等单位。在这条渠道里，校长领导力主要体现在对学校教学工作的计划与执行中。教学计划将校长治校思想与理念转化为全校能够实施的工作任务，再通过各个组织的工作将计划变为现实，让校长的教学领导从思想转变为行动。这一全过程至少考验校长三方面的领导力——能否制订科学合理的教学计划、能否提供合理的学校制度与资源保障、能否有效地带领各个组织执行工作任务。

（三）学校教学的人员管理渠道

虽然组织与人员总是相依相存的，但是将人事单独作为校长领导力的作用渠道进行考察仍是必要的。"知人善任"历来都是"领导"工作的重要内容，将合适的人员置于合适的工作位置，也在很大程度上决定着一项工作的成败与高度。学校教学质量的提升，一定是学校所有教师与学生的直接努力；一所学校的发展，最终依靠的必是全体教职员工的共同奋斗。可见，在校长教学领导的工作中，思想渠道与组织渠道的目标任务能否完成，最终仍然需要落脚在人员渠道之上。不过，校长教学领导在人员渠道的胜任考察，不仅是"知人善任"这一"智力因素"，还包括对参与教学任务的主体的工作能力与动力的激励与促进及人际关系的协调等"感情因素"。涉及人力的事情总是复杂的，胜任的校长总是能够"情智相长"，既展现自身的人格魅力，为教职员工与学生所钦佩，又发挥自己的工作手段，让学校中的每一分子更好地完成自己的工作，促进每个主体的发展。

第三节 领导力建设与学校建设融合发展

校长是一校之"魂"，是学校与教职工生存和发展的希望，从某种角度讲，校长能主宰学校及教职工自下而上的发展。由此可见，校长领导力直接关系一所学校发展的命脉与众多学生的学业前途，关系到国家与学术之兴衰，关系到我们国家在未来的发展进程中能否成为竞争优胜者。

一、提升校长个人素质，促进学校整体发展

校长关注学校教育教学发展，提升教学领导力，需要结合自身和学校的发展，根据学校具体情况进行规划发展，构建学校未来的美好发展愿景。校长的性格品行决定了他的办事作风，也决定了校长自身为人处世的方式方法，一个人的脾气和性格是天生的，经过后天的锻炼和培养，虽然能够改变一些，但骨子里的东西不是短期就能说改就改的。所以校长在对学校进行管理时，除了自身的学识和经验，他的性格也就决定了他的做事风格和领导能力。这里并不是说哪种性格好哪种性格不好，不同的人在处理事情时方法和效果都不同。校长要想管理好学校，提高自身的领导执行力，就要提升自身的素质。

首先，校长要有正确的角色定位，明确自己的职责所在。在对学校进行管理时，坚持贯彻党和国家的教育方针政策，抓好学校的整体建设。全面主持学校的整体工作。组织领导学校的德育建设和教学工作。领导学校德智体美劳全面和谐发展。

其次，校长要不断坚持学习。在学习理论基础知识的同时，要对已掌握的理论进行实践。通过各种研讨学习活动进行思想交流，以便丰富知识，增长技能。校长要想管理好学校，就必须学会实践。进入学校的各个部门切实体验，掌握学校最新的资料，为做出科学合理的决策奠定基础。还可以密切与学校员工的接触，打下良好的群众基础。

最后，校长要善于反思总结。在对学校进行发展规划的同时，制定合理的政策，出现问题及时进行修正，对于已经出现的一些问题，尽量弥补，这样

才能不断完善自我。在校长工作中，总会遇到各种各样的现实困难，只有反思总结，不断提升，持续进步，才能够真正提高领导力，引领学校朝着更好的办学未来前进，从而推动现代化教育事业发展与进步。

二、合理配置学校资源，提高学校师资水平

就学校的资源配置来说，包括学校资金、奖金、职位、外出进修等机会。合理的学校资源配置有利于学校发展，促进校长教学领导。在目前我国的学校教育经费比较短缺的情况下，如何分配及合理利用学校有限的资源经费成为很多校长面临的难题。校长应根据国家政策要求，合理配置资源，为教师的专业成长提供帮助。

在对各种教学资源进行合理整合配置中，学校领导一定要意识到人力资源合理配置的重要性，因为优秀的人力资源必定需要高质量教师队伍，这是更好地完成教学任务、提高教学质量的重要保障。校长在进行教学领导的过程中，要善于发现有潜力的教师，根据每个教师的优势合理分配工作岗位，从而达到学校人力资源的最优化，才能充分发挥教育教学活动的作用。在学校的绩效考核激励机制方面，校长应不断进行完善。在学校建立有效的教师绩效考核体制和激励机制能充分调动他们的积极性。根据每个教师的教学成果给予一定的奖励，满足教师的成就感，从而使教师在教学工作中更加高效地完成学校的教学目标，进而促进校长教学领导。

三、加强学校文化建设，优化学校教育氛围

发挥校长教学领导力离不开一定的教学文化氛围，学校教学文化氛围直接决定着校长教学领导力发挥的程度。学校的文化通常可以被人们理解为人们在学校的一种生活方式和习惯。这里也可以理解为学校中各个群体的思想观念和行为方式。其中最具决定作用的是思想观念，特别是要有正确的价值取向和教育理念。学校的主体是教师和学生，只有实现师生共同发展才能促进校长教学领导。对于学生要确立正确的学习观，对于教师校长应从更深的层次挖掘学校内部教师的行为习惯、处事方法态度、人际关系及各种价值观。学校特色课

程、校本课程是校长出色的教学领导能力强有力体现的一个重要方面。校本课程需要学校文化的支撑，同时也不断创造影响着学校的校园文化。

学校不仅要培养学生更要成就教师，鼓励教师研究课程，提升教育教学方法，学校的总体目标定位正确了，校长教学领导力也会得到肯定，一帆风顺。校长最核心的工作应更加关注更深层次的文化内涵，加强学校教学文化建设，在学校形成办事高效、处事得体，构建民主和谐亲密平等的人际关系。校长要根据学校的大体情况进行规划，清晰学校的教育理念，进一步建设学校教学文化系统，提升学校办学质量，进一步提高校长教学领导实践经验。比如校长在思想上的引领，营造和谐宽松的教学氛围，准确把握教育情况，促进教学管理的反馈和评估的科学性，将工作的重点转向教育内涵质量，学生状况全面评估等。总之，校长要不断思考、不断探索，只有校长坚信自己的教育思想并进行倡导落实，才能对学校的教学文化建设起到引领的作用，从而才能使学校走向一个更高层次的境界，进一步构建学习文化和知识共享文化才能逐渐形成，从而促进学校发展，提升学校的各方面综合整体水平。

四、开展领导能力培训，提升校长综合素养

校长教学领导力是校长领导力的重要部分，是提升学校教学质量的关键。然而，校长现实工作中的压力与教学领导专业知识能力的欠缺，在一定程度上阻碍了校长教学领导的实施，进而也影响到了教学领导力的提升。有教育领域的学者通过实证研究得出结论，校长是否接受过教学领导的专业训练，将直接影响学校的教学品质。"已接受教学领导训练的校长，在拟定学校目标、学校与社区关系、督导与评价教学、学校气氛、沟通协调以及教师进修等方面与未接受教学领导训练的校长呈显著性差异。"校长欠缺教学领导的专业知识和技能，也是阻碍其教学领导力提升的因素之一。现今部分校长所习得的仍是传统行政管理的领导方式，对于如何建立支持教学领导体系的实务知能与技术，则显得比较缺乏。

因此如何加强校长的职前与在职培训，以强化其课程、教学及从事教学领导所需的知识与技能，便关系到校长教学领导力的高低。在校长培训的课程

设计上，要加大对现代教育理论、宏观战略思维的学习和了解，改变"已有培训课程的知识跨度小，对教学领导和课堂教学关注不够"，重视校长教学领导观念的建立和能力的强化，尤其应加强准校长们从事教学领导的能力培养。在举行校长培训与在职研习时，宜以行动研究方式，扎根学校的实际工作，结合理论与实务，积极发展多元而务实的系统训练课程，可包括教学支持系统的建立、积极教学气氛的营造方式、教学效能指标的建立、教学领导的技巧、有效的时间管理、学校与社区关系等这些与教学领导相关的内容，使校长通过这些培训，不仅具有了正确的教育观念与教学知识，更增强了校长对先进教学领导的理论与实践知识的掌握，进而既能正确地开展教学领导，又能提升学校教学质量和学生学习能力。

第八章

管理者理念改进与素养提升

　　校长的理念与素养在学校发展战略中相当重要，是校长实施教学领导和提高教学领导力的有力保障。从某种意义上来说，校长能否具有足够的胜任力，很大程度上取决于其对自己角色摸索的清晰度和准确度，也就是说，现代校长的角色定位恰当与否决定了其胜任能力的发挥。正确的、强烈的角色意识能够激发现代校长正确的角色扮演欲，通过积极地进行角色学习，在工作中自如地运用所学专业理论来指导行动，把浅显的角色意识转变为内心深处的角色观念来提升自身教学领导力的发挥。如果校长不能清晰地对自己进行准确的角色定位，没有正确的职业角色意识，就肯定会做出与其职业角色不相适应，甚至有悖于职业角色的行为。从我国教育的长远发展出发，校长应该从繁杂的行政事务中解脱出来，从大量的公共关系周旋中分身出来，让校长重新清晰地认知自身角色定位，准确地定位自身的重要职责，才能把自身练就成为教学型、专业型、职业化的优秀现代校长。

第一节　明晰定位　遵循规律

　　校长只有进行正确的角色定位，才能时刻提醒自己、要求自己在实际工作中按照职责规范、权利义务等角色观念领导学校的人、财、物，发挥校长领导角色应有作用，提升自己的教学领导力。现实中的校长承担的角色是多种多样的，既是思想者也是领导者，既是教育者也是管理者，既是组织者也是服务者等。如果校长在众多角色扮演中无法自如地转换角色定位，导致要应对各种纷繁复杂的行政管理任务，整日超负荷运转，成为典型的事务型、劳务型校长，校长自身疲惫感加重，反倒出现每一个角色都不能发挥其最大能力的尴尬现象。同时在管理中还应遵循教育教学规律，方能体现领导素质。

一、正确认知校长角色

角色认知是管理学中时常出现的概念，也可称角色领悟，是指角色扮演者对自身角色领悟后所呈现出来的了解程度，社会依据其角色表现来判断角色扮演者是否符合角色规范要求，简言之，就是对角色的权利和义务的一种认知。校长的角色认知是指校长对其角色的领悟并呈现出来的角色表现，社会对校长的角色表现进行判断是否清晰认识其自身的权利和义务。但是从现实情况来看，我国校长扮演了诸如教育者、领导者、管理者等多重角色，由于角色间的界限不清晰角色认识模糊，要想每一角色都得到社会的认可自然不太可能，毕竟每一角色都有其自身的要求、规范、责任，角色之间所达成的权利——义务的默契也是不一致的，所以很多校长呈现出了不同的领导观念和领导行为。校长可以通过自身对角色的领悟，来反观自己的角色行为是否符合自己的角色定位，所呈现出的表现是否能够让自己满意？进行角色认知后是否能够实现自我价值？角色表现与自身角色期望是否相符？其实，对自己进行角色认知的同时隐藏着对自己的角色期望。从发展心理学的角度来说，角色期望是群体或个人对角色扮演者预设出现的一组特定行为的期望，它包含了认知、观点、态度、情感等多重因素的复杂综合体。它可以分为两种期望，一种是角色扮演者对自身的期望，另一种是社会群体或个人对角色扮演者的期望。一般来说，社会舆论、群体或个人都会从自身利益的角度出发对某一个体或自身进行角色期望，这种期望往往都高于自身的能力或应该承担的责任，以求最大限度地实现自己的利益。校长的角色期望同样也被社会、上级领导、教师、家长从自身的利益出发赋予了高于校长自身不能达到而希望校长能够完成的角色期望，这种过多过高的期望导致了校长在自身角色认知上无法准确地定位自己。社会、上级领导、教师、家长等对校长的高期望或者从自己利益出发所提出的不正确的期望，左右了校长对自身角色的领悟，从而导致了校长不能清晰地进行角色定位。

同时外来的角色期望和不清晰的角色定位也影响了校长对自己的角色预期，使校长产生"全知全能"的错误观念，这种观念导致了校长错误地认为自身可以承担任何责任，可以承担众多角色期望对应的角色义务。校长本应该把更多时间和精力花在教学上，花费在领导学校发展上，但却错误地将大把的时间和精力花费在交际应酬等不应该花时间的角色上，必然造成其角色扮演的错位、越位、缺位等现象，最终会因精力不足、能力有限出现顾此失彼的情形，出现校长能力差的片面评价。

2013 年，教育部颁布了《义务教育学校校长专业标准》，对校长提出了"以德为先、育人为本、引领发展、能力为重、终身学习"五大办学理念和"规划学校发展、营造育人文化、领导课程教学、引领教师成长、优化内部管理、调适外部环境"六大专业职责，并对每一项职责都从"专业理解与认识、专业知识与方法、专业能力与行为"三个方面提出了专业要求，由标准的制订及职责的专业要求，我们可以看出国家越来越重视校长的专业能力和职业特点，这也为校长更好地厘清自己的角色定位起到了有益作用。校长首先是"教师"，然后才是"管理者"，不能很好地发挥"教"与"导"的作用的校长就必然出现自身角色的错位。诚然，我们也必须承认，校长的角色认知与角色定位不是孤立的、单一的，校长在其位需要扮演多重角色，容易出现错位、越位、缺位等现象，但正因如此，校长才必须分清主次，必须清晰地认识到哪种角色是校长最重要的角色，更应该承担起这一角色赋予的重担与职责。基础教育阶段是人类教育里程中极为重要的一段，校长乃一校之首，肩负着很多从自身利益出发的角色期望，自然备受社会各界及社会舆论的瞩目，这就更需要校长明晰角色定位，放弃过去大包大揽的做法，不要把一些错误的角色期望附加在自己的角色定位中，不要让自己被过多的角色所包围。校长只有从自身岗位职责出发，牢牢抓住学校教育中校长的重要角色并发挥好职责专长，才能引领学校科学可持续发展，才能不断地提升校长的教学领导力。

（一）教学的领导者

作为教学领导者的首要任务是打造学校共同发展愿景。从宏观发展的角度规划好学校的未来，凝练学校特色，让愿景成为师生的远大奋斗目标，让学校每一位成员能够在愿景中求寻自己的理想，并促使师生为了学校的愿景、自己的理想努力学习和工作。

其次是管理好课程与教学。新课程改革在课程建设上赋予了学校较大的空间和自由。校长要紧紧围绕课程目标做好学校的课程设置工作，在课程内容设计、教学质量管理、课程开发实施、教学评估监测等方面，做好制度设计和统筹协调，重建学校的教学管理体制机制，以改革为契机促进学校、教师和学生的共同发展。

再次是抓好校本研究。校本研究是提高教师教学水平和教育质量的重要手段，教师只有关注教学、分析教学才能发现教学中存在的问题，才能实现研究教学、解决教学问题的目的。校本研究一定要立足学校的实际，着眼于学校发展和师生共同进步，鼓励教师围绕学校教育教学中的各种实际问题开展研究，让研究成为师生共同进步的桥梁和手段。

最后是打造教师团队。教师是教育工作的核心和重要组成力量，打造教师团队，就是通过教师之间的技能互补、经验共享和责任共担，促进教师之间的相互合作、相互作用、相互影响，最终形成合力并使合力作用发挥到最大化。校长在打造教师团队时，要努力将学校的办学目标、办学理念、管理思想等塑造成团队的共同价值观，以此驱动团队成员为学校的共同愿景凝心聚力、共赴成功。同时要加强教师团队内部的人际关系，增强彼此之间的了解和信任，形成教师的团队精神。

（二）文化的营造者

文化是组织欣欣向荣的重要力量，在社会进步经济发展的时代，文化不仅是一个组织素质能力的体现，更是组织综合软实力的象征。因此，校长要积极构建学校文化，倡导学校核心价值观，用文化的力量促进师生成长，用文化的力量重塑学校形象。现在的学校由于受多元文化的影响，在校园文化建设方面出现了许多新情况新问题，比如，教师受多种利益驱动导致的教学态度问题；教师的职业倦怠问题、学生的学习观问题、心理问题等，都使得学校文化需要进行相应的变革和重塑。

有专家学者曾经指出，教育改革在根本上就是学校文化的变革，成就一所好的学校，靠的不是气派的教学楼、昂贵的运动设施设备、名誉校友、巨额捐赠，而是靠文化构建的一种情感，学校的成员都是这种情感的享受者。而这项工作——学校文化建设必须也只有校长才能真正实现，校长是学校的"灵魂"，无论什么时候，校长都是创建学校文化的关键因素，"学校文化是由校长倡导而创建、全体学校成员共同参与建构的一种精神境界和品格。"校长要站在社会发展进步、学校的历史使命和学生的身心全面发展的高度，团结学校班子成员共同设计学校的发展愿景，提出并阐释学校的核心价值观，通过学校文化的建设，营造出和谐友善、团结一致、真诚互助的学校氛围。

需要提醒校长注意的是，学校文化的形成不是短期内就可以实现的，也不是几栋高楼大厦就可以彰显的，更不是一个会议、几个口号就能确定的，它是一个长期的发展过程，是学校历史、传统和文化底蕴的积淀过程，需要校长有意识地设计和建设，需要校长用发展的眼光来推进，需要校长激发广大师生的积极性。学校文化只有得到了师生的认同和支持，才能转化为学校的物质和精神财富，才能内化为师生的思想认识，最终才能发挥出育人功能和作用。不充分调动师生积极性、主动性进行学校文化建设，或脱离学校办学实际、人为打造、突击"特色"的所谓学校文化，最终将导致价值观和方向感的失落，历史和文化记忆的遗忘，不可避免地走向趋同。因此，"让全体师生在校园里过得更好、活得更好、发展得更好，从而取得更大的成功，是一名校长最根本追求。"

（三）师生的服务者

新课程改革的理念要求校长充分调动教师的"教"与学生的"学"的积极性、主动性、创造性，这预示着校长在教学领导过程中，要把管理就是服务的意识真正地运用到学校教育教学工作中。为教学改革服务、为学生的成长成才服务、为教师专业发展服务，其核心和关键就只有两个人：学生和教师。校长要做到为学生服务，就是要确立"以学生发展为本"的教学管理思想，把学生当成学校的主人，尊重学生的个体差异，在学校决策时，充分考虑学生的现实情况，倾听学生的心声，最大限度地满足学生学习成就的需要，为学生创造有益的教育环境：鼓励教师与学生建立学习共同体，用多种方式培养学生的独立人格和创新特质。校长要做到为教师服务，就是要改变过去以发号施令的方式管理教学，用规章制度来对教师进行控制的管理方式，相信教师，还教师教学自主权，设身处地地为教师着想，努力为教师的专业发展提供优质的教育资源，包括为教师提供丰富的教育思想源，帮助教师更新教学观念，改善教学方法与行为，提高教学效能。

"当教师需要什么时，校长就给他们送去什么。资源是校长能够满足教师的最重要的东西。"校长为教学改革服务，就是要意识到校长的服务是多元的全方位的，一切日常性的工作几乎都是校长的服务范畴，不以事小而不为，不以事杂而弃之。特别是在教育领域综合改革进行的关键时期，新课程改革已经进入攻坚阶段，教学方法、教学手段、教学内容等都与过去发生了根本性的变化，校长要勇于站在改革的最前线，做教师改革探索的坚强后盾。当教师在改革探索的道路上遇到挫折和困难的时候，校长要积极协调四方关系，争取社会各界的支持，为教学改革"逢山开路、遇水搭桥"，不断累积教育教学经验。当教师在改革探索的道路上出现失败的时候，校长要挺身而出，主动承担失败造成的损失，及时做好善后和补救工作，总结经验并从失误中吸取教训。当教师收获改革成功的果实时，校长要甘当幕后英雄，为教师呐喊喝彩。校长只有把自己融入教育工作中，融入师生群体中，以"一颗为教师、为学生、为家长的公仆心"来领导教学，领导学校的改革事业，学校的教育目标就一定能达成。

二.遵循把握教学规律

学校教育是涉及人身心发展全过程的活动，教学作为这一活动的主要方式和手段，同其他事物的一样，有其自身独特的发生、发展规律。教学规律构成教学过程各个要素之间的内在的、本质的、必然的联系和发展趋势，是不以人们的主观意志为转移的。因此，校长要充分认识和把握好这些规律，在教学领导过程中应积极引导教师按教学规律开展教学。

（一）间接经验与直接经验相互促进的规律

教师向学生传授书本知识即间接经验，这是教学的根本任务。教学作为一种特殊的认识过程和情意过程，它可以通过较短的时间和较高的效率来引导学生掌握人类已知的认识成果。教学过程以学习书本知识为主，不是要否定相应的直接经验。要把书本知识转化为学生的知识，必须以一定的直接经验感性认识做基础，经过独立思考，才能正确理解、消化、巩固。学生掌握的直接经验越丰富，他们对知识的理解就越深刻、越顺利。当前，在课堂教学过程中，教师大都努力贯彻这一规律，但是也有不少教师在认识上存在片面倾向，只注意灌输抽象的书本知识，搞封闭的照本宣科，而不愿开放课堂，融入社会实践，践行操作训练。对于这类倾向，校长必须引导教师尽快克服和纠正。

（二）掌握知识与发展智力相统一的规律

知识教学与智力培养是相互联系、相辅相成的。掌握知识是发展智力的基础，反过来智力的发展又促进学生更好地学习和掌握新知识。智力活动必须有知识参与，掌握知识的过程是智力活动的过程，二者是在教学过程中统一进行的。在教学过程中运用这一规律，校长必须引导教师树立全面的目标意识。如果教师的眼睛只盯住完成知识教学任务，将是较低水平的教学；如果在完成知识教学任务的同时又培养了智能，便是较高水平的教学。当代学校推进"五育并举"的全面育人方向，具体"德育为先、智育为重、体育为基、美育为要、劳动为本"，每一种能力都是学生成长所需要的。

（三）传授知识与思想道德教育相统一的规律

教学具有教育性。在教学过程中，教师向学生传授知识，不论是社会科学知识还是自然科学知识都具有丰富的思想道德教育因素。知识教学与思想道德教育是有机结合的。例如，语文、政治、历史等科，其本身的阶级性、思想性就十分鲜明。在这些学科中，知识教育与思想道德教育是渗透在一起的。数学、物理、化学等科，其知识体系中所揭示的客观规律，所蕴含的唯物辩证观点，都有利于形成学生科学的世界观。在运用这一规律指导教学时，校长一要注意引导教师处理好教书与育人的关系，促使教师以正确的思想道德理念指导教学；二要注意自觉地挖掘课程教材中的思想道德教育因素与资源；三要注意以自己的领导作风、言传身教影响教师和学生。

（四）教师主导与学生主体协调一致的规律

教师与学生是影响教学质量的关键因素。教师是为学而教，学生是在教师指导下的学，二者只有相互促进才能优化教学过程。教师的主导作用是以教会学生学习、教会学生做人为基本特征的。教师主导不是主宰一切、包办代替、随意施教，而是要与学生的心理特点、基本水平相适应，以教促学，以教导学。学生主体是说学生要拥有学习的主人地位和学习的主动权，要学会在教师指导下学习和自己独立学习。在教学过程中贯彻这一规律，校长要注意调动师生双方的积极性，使之彼此相互适应。教师要讲究教学艺术，赋予学生充分的表现机会，绝不能目中无人，唱独角戏。教师凡是应该做到的就要认真做好，凡是能做好的就要争取达到尽善尽美。

第二节　反思自我　深化理念

反思是人心对自身活动的注意和知觉，是知识的来源之一；人通过反省心灵的活动和活动方式，获得关于它们的观念，如知觉，思维、怀疑、信仰的观念等。"反思的本质是一种理解与实践之间的对话，是这两者之间的相互沟通的桥梁，又是理想自我与现实自我的心灵上的沟通。"反思是主体对自我角色高期待的表现，是对自己未来发展、奋斗目标价值追求的体现，它是自我审视自我提升的一个过程。校长的反思就是校长要敢于面对现实，把自己的管理实践作为审视的对象，通过自我反思客观地对自己的管理实践进行全面深入的思考分析，从而完善自我评价体系，积累更多失败与成功的经验，优化现代校长的教学管理状态，完善教学领导行为，才能促使整个学校在校长的带领下提升教学效益及教学质量。校长作为学校的灵魂人物，学校的发展走向与学校教职工是否积极上进，学生成绩表现与校长的表现有着千丝万缕的联系。传播学中的"把关人"理论告诉人们，家庭主妇可以决定一家人每餐的饮食。同样，这位家庭主妇还能决定一家人的营养构成，如果家庭主妇产生定性思维和惯性特征，每天为一家人准备同样的餐食，必然造成一家人营养不良，同时还会造成一家人对就餐产生厌倦情绪。校长作为学校的"把关人"，其是否具有定性思维和惯性特征，从学校的"营养构成"上来说，都将产生关联。德国动物学家霍斯通过研究提出了现代管理学中著名的"头鱼理论"，鲦鱼因为身体弱小，所以以强壮者为首领。如果将鲦鱼的脑神经去除一部分，让"首领"鲦鱼失去控制力，产生行为紊乱的现象，其他鲦鱼也将会出现类似现象。"把关人"理论和"头鱼理论"同样适用于学校的管理工作。

校长作为一校之"把关人"或者是一校之"领头羊"，如果不能经常对自身领导行为进行反思，允许定性思维和惯性特征在学校持续蔓延，学校必然会出现教职工工作劲头不足，教师教学质量不高，学生学习成绩不佳的现象。校长既要用自身先进的教育思想感染教职工，又要防止教职工们一味地等待校长发号施令才有行动，从而造成行动力不足的现象和局面。校长的积极反思不仅仅能够促成校长自身的成长也能促进学校整体的发展。

一、在反思中成长

教育是一项育人的事业，校长工作就是通过不断总结教育实践经验以提高育人效果的过程。校长反思根植于学校教育教学活动，成长于自身专业知识理论体系的成熟，并继续指导学校教育相关的实践工作，诚如唐纳德·肖恩教授所言，反思性实践是在改进人们在某一特定领域的技能时的一个关键环节。反思性实践可以帮助某一领域的初始者识别自我实践和他人实践之间的相同点。校长反思必然也伴随着校长的反思性实践，它是促成校长专业成长的有效途径。

二、在反思中尽责

校长进行反思有助于增长校长的责任心。责任心是对自己行为后果负责的一种踏踏实实的敬业精神。在一个团队之中，"首领"的责任心是团队前进动力的有力基石，一名合格的校长必然具备强烈的责任，它是教育工作者的第一要素。对于校长而言，责任心影响的不仅仅是学校的教职工，同样能感染到每一名学生，这对身心发展处于成长阶段的学生是一种无形的影响和价值观的塑造。

三、在反思中提效

校长进行反思有助于学校管理效能的提高。校长在学校中的角色不仅仅是一名教育工作者，同时还是一位管理者。作为管理者，校长必须权衡学校前进的各方面因素，其中包括学校的教育效果、教育效率、教育效益，这"三效"通过"教育效果"集中体现出来，也就是说校长作为管理者需要权衡学校发展的"实效"。这种发展的"实效"，需要校长通过权衡学校的人力、物力、财力等因素来实现。

第三节　终身学习　持续进步

在当今科技飞速发展的时代下，学校管理出现了很多变化，组织结构扁平化、教学模式多样化、管理人性化等，这些变革无一不是以学习为先导的。学习是当今时代个人进步的唯一途径和手段，在学习型社会、学习型学校建设时期，校长更应该倡导终身学习，坚持不断地学习，才能把握社会的要求，紧跟时代的脉搏，在日新月异的社会变革中不迷失方向。

一、要有主动学习意识

加强学习对校长来说，应增强学习意识，主动克服学习恐惧心理。要明确这样一种意识：校长的知识结构的厚度决定其领导水平的高度，校长知识结构的宽度决定其领导视野的广度。学习不仅是工作、岗位的需要，也是给学校师生树立的一种角色形象。"校长的时间相当有限，在忙碌的工作行程中，要抽出时间学习新的事物，是必须要下定决心的，才能固定排定时间进行学习。就因为这样，同仁看在眼里，其实其象征影响力相当大。"校长通过坚持学习，才能接受新知识新理念，整合自己固有的知识体系和思维方式，形成自己对教育教学的独特见解，才能更好地研究教学、领导教学，提升自己的教学领导能力，最终引领学校的教学改革。

二、积极学习教育思想

思想是行动的先导，有了先进的思想就如同行动插上了翅膀。校长作为一校之首，他的教学思想直接影响着学校的办学行为和办学方向。因此，校长加强教育思想的学习显得尤为重要。当今社会知识更新速度加快，信息接收渠道多元，教育理念、教育思想层出不穷，这为校长更新自己的教育思想和教育观念提供了一个绝佳的学习机会。校长要主动融入这场学习活动中，以开放的心胸、自觉的态度拓宽视野、更新观念、补充知识，不断更新教育教学前沿信息，不断掌握现代教育教学理论，将新的教育理念运用到学校教育的实践场所，努力做到"思想新、业务强、水平高"，让自己因拥有先进的教育思想和教育理念而在推动学校、教师、学生全面发展的过程中起到引领作用，以奠定自己教学领导力发挥的权威地位。

三、坚持终身学习原则

学校是实施教育的专门场所，教育的属性要求就是吐故纳新、温故知新。校长在倡导这一教育思想的时候，自己就要以身示范做孜孜不倦的学习者。通过参加各类培训学习，掌握新的教育管理思想、教育管理方法；通过信息网络技术，关注教育领域的最新动态，了解各地各校的先进教育思想和管理经验，以人之长补己之短；通过向专家学习，向同行学习，把自己置于动态的学习氛围中，可以使自己时刻保持清醒的头脑，保持进步的态势。校长需要通过终身学习方式，持续进步，从而具有更好的领导能力与成长能力。比如说在信息科技时代，不断学习新的信息教育技术手段，并且推动其融入学校教学管理中，建设智慧校园。

第九章

教师专业成长与发展

教师是教育实践的直接承担者和教育变革的实施者，一切教育的实施、变革和发展都离不开教师的参与。所以，古今中外任何一种教育理念，都无不重视教师这个神圣角色。现代教师，既有诗一般的美好情怀与品质，更有聪慧的教师专业知识和技能，现代教师，是教育的核心支撑和推动者，现代教师群体的培养和发展，决定着教育的未来发展。当代教师，必须重视专业化发展。

第一节 现代教师内涵发展

古人对教师这个职业做出过很多定义与论述。《礼记》云："师也者，教之以事而喻诸德也。"即教师是培养学生品德、传授学生知识的人。韩愈继承了《礼记》对教师角色的观点，并在《师说》中就此问题做出了更具体的论述，提出了古人对于教师角色认识当中的最具代表性观点。他说"师者，传道受业解惑者也"，"传道"就是传授儒家道统，即用伦理纲常观念对学生进行思想品德教育；"授业"就是教授学生儒家典籍，即向学生讲授书本知识；而所谓"解惑"，即解答学生在学业上的困惑。韩愈生活的年代虽然距离我们已有一千多年，但他对于教师角色所做出的概括，即"传道""授业""解惑"，却被传承了下来，深深影响了古往今来无数的教育工作者。

时代在变，教师所传之道，所授之业，所解之惑的具体内容也发生了巨大变化，但传统教育理念对于教师角色的理解和定位与韩愈那个年代相比，却没有多大改变。长久以来人们一直将教师视为教学活动的组织者、主导者与书本知识的传授者，既忽视了学生的教育主体地位，也把教师限定为理论知识的灌输者，纯粹的"教书匠"。这种对教师角色的落后认识，与现代教育是格格不入的。受如此观念束缚的老师，也势必难以完成素质教育所赋予的全新教学任务。

教师是学校教育的主要实施者，是传递人类知识火种的火炬手，肩负着教书育人的重任。在这点上，现代教育理念对教师的定位与传统教育理念一致。但旧的教育理念将老师视为教育活动的主体，是不容置疑的权威，而把学生摆在从属地位，师生地位极其不平等，这一点又与现代教育中的民主教育理念相悖。

现代教育赋予教师的任务是多样化的，除了传统的传道（对学生进行思想品德教育）、授业（教授书本知识）、解惑（解决学生学习上的难题与疑惑）工作外，现代教师还兼有对学生进行心理上的辅导和教育、针对学生特点规划孩子未来发展道路并进行针对性培养、推动教学模式发展创新、担当学校与家长沟通桥梁等多重职能。当代教师的这些新的任务和作用，已经不是旧有教育理念对教师角色所做出的定位所能囊括和框定的。

因此，现代教育在扬弃传统教育理念的基础上，广泛吸收了各种现代教育理念当中的精华，对教师角色重新做出了一番诠释。

现代教师是传承社会文化，培养学生美好品性，引导学生健康成长的领路人。现代教师和学生一起成长，共同享受教育的成功喜悦。

在实施教育的过程中，教师是主力军。他们担负着传道授业解惑的重任，与学生接触时间最长，接触机会最多，是教育空间和时间的拥有者，所以教师素质高低将直接影响学生的素质。那么，现代教师都有哪些特点呢？

一、合格的现代教师要有良好的人格修养

苏联教育家乌申斯基说："在教育工作中，一切都应以教师的人格为依据。因为教育力量只能从人格的活的源泉中产生出来，任何规章制度，任何人为的机关，无论设想得多么巧妙，都不能代替教育事业中教师人格力量的作用。"所谓人格的力量，是指教师个人的政治品格、知识才能、道德情感、意志作风等，即通过他们言传身教，对学生产生一定的影响。真理的力量是巨大的，然而真理的力量通过教师的人格示范才能得到充分发挥，教师的人品示范作用十

分重要。

现代教师，品性第一，这也是教师这个职业的特殊要求，高尚的职业道德，良好的品性修养，是现代教师的基本要求。

二、现代教师要有扎实的教学基本功

教师基本功是教师从事教育教学工作必须具备的最基本的职业技能。它包括通用于所有教师的一般基本功，也包括学科教学和教育工作的基本功，是教师从事教育教学工作必须具备的最基本的职业技能。

过去所说的教师基本功，无非是三字一画（钢笔、毛笔、粉笔字和简笔画）和语文基础知识、口头表达能力等，再加上一些专业学科的基本功（音乐、体育、美术等）。随着时代的发展，教师基本功的含义越来越广，教师基本功包括的范围越来越大。除了具备崇高的师德、过硬的语言表达能力和动手能力（主要指"三笔一画"）这些传统意义上的教学基本功以外，现代教师还应该拥有先进的教育理念，具备教学创新、掌握现代信息技术、制作使用课件和教具、运用教育心理学，能猜到学生心思等多种能力。只有基本功过硬，教师才能更好地实践现代教育理念。

三、现代教师应该树立终身学习的观念

常言道：给别人一杯水，首先自己要有一桶水。现代社会处于一个信息爆炸的时代，社会观念发展瞬息万变，知识更新速度日新月异。想要给学生一杯水，仅仅拥有一桶水已经远远不够了。教师自身也要树立终身学习观念，通过在工作中不断学习来更新知识、丰富学识、扩大视野、增加内存，使自己的知识像喷涌不断的甘泉活水，永不枯竭地不断地润泽学生。

现代教师不管是教学研究，还是读书看报，抑或是演讲，都是为了自身的专业成长。

四、现代教师应该勤于研究、精于育人、勇于创新

教师在完成日常教学任务的过程中，不应只满足于授课内容的完成，还

应该在课后积极反思，及时总结经验教训，在教研问题上勤于研究，不耻下问，不断改进教学理念与方法，以提高自身教学技能；此外在教育工作上，要敢于推陈出新，大胆创新教学方法、管理模式，发明新的教具，乐于掌握新的教学工具。

现代教师可以采用一切合理的教学方式来培养尚雅养慧的少年，可以采用多种活动方式来丰富学校文化。现代教师应该是一个追求卓越，富有创新精神的教师，敢于打出自己的旗帜，创造与众不同的品牌。做有心人，记录教育现象，日积月累，把每天成功的"珍珠"穿起来，就是一条非常美丽的项链。

五、现代教师要有团队精神和合作意识，共同进步

萧伯纳曾经说过："你有一个苹果，我有一个苹果，互相交换，每人还是只有一个苹果。你有一种思想，我也有一种思想，互相交流，我们都有了两种思想。"在全面推行素质教育的背景下，面对复杂的教育教学，我们清醒地意识到：仅靠教师个体的孤军奋战已越来越难；因此教师团结协作精神就显得尤为重要。教师之间各自为政，互不支持，势必削弱教育力量，而团结协作则有利于教师工作水平的提高和个性的发挥，有利于形成强大的育人合力，共同完成教书育人的任务。

现代教师应该是一个善于合作，具有人格魅力的教师。竞争基础上的合作，合作基础上的竞争，是现代社会的显著特征，一个不善于合作的教师，走不了太远，因为这个社会是需要合作的社会。怎样成为一个受欢迎的教师，三要素：一换位，二尊重，三互惠。

六、现代教师应该充满激情、爱和社会责任感

现代教师，应该是一个胸怀理想和充满激情的教师。教育的每一天都是新的，每一天的内容和主题都不同，对于一个成长中的教师来说，平静的思维是重要的，但激情更能成就一个好教师。当生活没有梦时，生命的意义也就终结了。

现代教师应该是一个充满爱心，受学生尊敬的教师。爱的教育，是教育

力量的源泉，是教育成功的基础。夏丏尊先生说："教育没有情感，没有爱，如同池塘没有水一样。没有水，就不能称其为池塘；没有情感，没有爱，也就没有教育。"

现代教师是一个关注人类命运，具有社会责任感的教师。教育不仅是教给学生知识，更重要的是培养学生一种积极的生活状态，以更积极的生存心境，积极的人生态度对待生活。只有教师的社会责任感，才能塑造学生的社会责任感。

第二节　现代教师充满魅力

教师的魅力，很多学者认为它是一个综合性系统。由人格魅力、学识魅力、个性魅力、形象魅力等组成。一个有魅力的教师，应该是人格高尚、学识渊博、个性鲜明、形象气质俱佳的人，具有上述特征的教师，就可称得上是有魅力的教师。

根据《现代汉语词典》的解释，"魅力"就是"吸引人的力量"，是一种主观体验。也就是说，一个人有没有魅力，评判的标准并不在这个人本身，而在于他给人的印象和感受。同样一个人，在甲看来，他的魅力也许是动人心魄不可抗拒的，而在乙看来，也许是平淡无奇甚至不屑一顾的。西方有句谚语：天使对穷人的魅力，魔鬼是永远也感受不到的。如此说来，教师的魅力就是学生基于教师的吸引力、影响力和感染力而产生的对教师的一种积极情感，如：喜欢、钦佩甚至崇拜，以至希望自己今后成为那样的人。

教师的魅力不能直接从教师身上寻找某种固定的标准，更不能以这种标准来简单判断某位教师是否就有教师魅力。既然教师的魅力是学生的一种主观感受和体验。那么作为感受和体验者的学生就显得相当重要了，在一定意义上，只有学生才能决定一位教师是否有魅力。换而言之，教师的魅力，是由教师身上具备的那些受到学生尊敬、欢迎的品质所构成的。

结合教育工作经验，根据教师群体的实际情况与学生看待教师的心理，我认为现代教育下的魅力教师应该具备"三高"的特征，即高境界做人、高水平工作、高品质生活。简而言之，现代教育下魅力教师的关键词是：境界、水平、品质。能做到"三高"的教师，就是一位在学生心目中富有魅力的教师。

一、高境界做人——做有高尚师德的老师

高境界做人，就是指教师要具备高尚的师德，具体来说，要拥有一颗包容的心，要博爱和守信。

教师对学生的包容，是一种高超的教学智慧，一种教育工作的境界，体现了以学生为本，尊重学生人格，以学生为本的教育思想。爱与教育是一个永恒的话题，没有爱就没有教育。教师对学生拥有一颗包容之心，就是对学生爱的一种体现。教师的一颗包容之心，将填平师生之间的鸿沟，真正形成教师与学生之间鱼水融洽的关系，成为成功进行教学活动的巨大助力。

俗话说得好："金无足赤，人无完人"。任何人都不是十全十美的，都有不足，何况学生们身心正处于迅速发展阶段，有不足和缺陷都是难免的。所以教师不仅要多关心学生，及时发现学生的变化，防微杜渐，更要对学生有宽容之心，帮助他们不断提高自身素质，弥补缺陷，使其自身日臻完善。一个人犯了错误，不论其大小，最希望别人的理解和信任，歧视只会使他们自暴自弃。对于有缺陷、犯错误的学生，教师要予以理解，多给他们一些温暖，用爱来感化他们。当然，理解他们的过失，并不是包庇他们的错误。我们应该理解学生犯错误的原因，耐心细致地开导他们，用巧妙的暗示让学生注意到自己的错误，让他们认识错误的原因、危害及后果，通过这种潜移默化的教育，帮助他们改正错误；而不能以"恨铁不成钢"为由，对于学生的缺陷、错误讥笑挖苦，因为这并不利于他们弥补缺陷。

教育工作者对生活的包容，是高超的人生智慧，是一种做人处世的极高境界。《道德经》中说："上善若水。水善，利万物而不争，处众人之所恶，故几于道。"老子之所以对水大加赞扬，是因为老子认为水具备"利万物而不争"的包容特性。而正是这种谦下不争的包容，最终使"江海能为百谷王"。故而老子指出，具备海纳百川的包容之德，就"天下莫能与之争"。有智慧的人都

懂得谦让有礼，包容别人，也因此拥有了人心。

我们做教育事业的人，在生活中如果能对父母、子女、配偶、学生、家长、领导、同事、下属多一点包容，我们就能多获得一点空间，使同事团结、家庭和睦、师生融洽，赢得一片广阔的天地；对日常琐事烦恼多一点包容，就能解除心灵上的负累，获得精神上的滋养，使我们能够以饱满的精神迎接美好的生活；对工作上的问题多一点包容，不斤斤计较，不嫉贤妒能，而是从容应对兼收并蓄，博采众长，就能使自己在事业上获得更多的上升和发展空间。

懂得包容的教育者将具备一种高雅的风度，一种不自知的恬静淡然气质，一种自然流露出的高贵涵养。而这，足以打动人心，足以感化和影响学生们的心灵，也在孩子们的心田留下一抹永远挥之不去的魅力。

从事教育工作需要博爱的心灵。教师高尚的师德，是对学生最生动、最具体、最深远的教育。因此，作为一名教师，需要有博爱之心。教师的对象是"人"，是有血、有肉、有情感、有思维的"人"。社会赋予了教师"教育人"的神圣使命，也就是说我们的对象是学生，而这些活泼善良的孩子需要通过我们的关心、教育来学习知识、技能，健康成长。

在教师的道德天平上，每个学生都应该是平等的，我们给他们的爱也应该是平等的。假如教师受教育质量和名利的驱使，在爱的天平出现了倾斜，对学习好的学生关心备至，对学习差一点儿的学生态度冷漠，形成了"一好遮百羞""只见树木，不见森林"的错误思维模式，那么将对学习好的学生产生一种站在众人头上怂恿，对学习差的学生施加一种自尊心上的伤害，这不仅不利于学生健康成长，而且严重损害了教师的师德形象，违背教师职业道德。

美国教育学会主席内尔·诺丁斯说过这样一句话："如果一个孩子在进入小学时还没有学会如何接受和付出爱心，那么这个孩子的人生将处于危险之中，他会遇到各种各样的困难，包括学术上的。"在当代我国教育事业当中，就存在着很多这样令人扼腕叹息的现象：一些教师只注重学生的考试成绩，把分数作为衡量学生好坏的分水岭，导致那些在学业上不成功的学生从思想上认知出现误区，认为自己成绩差了，不被老师重视，没希望、没前途了，因而产生自卑心理，自暴自弃，严重忽视了自身的长处和优点，结果他们人生的成功可能从此就被否定了。所以，教师的一个最重要的任务就是帮助学生学会接受和付出、关心和爱护。现代教育指出，教师是照亮学生的启明星。而教师向学生输出的光芒，不仅仅是知识、良好习惯，还包括那无微不至的拳拳关爱。只有教师懂得爱学生，才可以教会、并要求学生怎样去爱别人。

心灵是一切成功教育的基石。作为一名教育工作者，应让爱心与责任扎根心中，牢固树立"大爱无言"的育人理念，深刻认识到关爱和被关爱是学生的基本需要。教师只有从关心、爱护的角度来组织教育，才能点亮学生的心灯，激发学生潜能，才会赢得学生的爱戴，才能得到学生的信任和理解。一个博爱的教师，将在学生心中具备永恒的魅力。

高品质做人的教师应该守信。人无信不立，诚实守信是社会最普遍也是最基本的伦理价值需要。诚实守信也是一种蕴含于为人处世之中的习惯，是一个人的基本素养，更是一个人的品格，是高品质做人的基础。一切经济活动、政治活动、精神文化活动等一切社会领域都需要诚信。诚实守信也是作为一个合法公民所应具备的基本品质。党的十六大报告就明确提出，要以诚实守信为重点，加强全社会的思想道德建设。具体到教师这个职业上来，教师的职责是教书育人。首先是教学生做人，这就是要对学生进行思想品德教育。教师进行德育的手段一般是"言传身教"，这就决定了教师必须严于律己，以身作则，为人师表。教师要想照亮学生，自身必须焕发出夺目的光芒，教师只有具备了诚实守信这种品质，才会潜移默化地影响自己的学生，进而培养学生诚信的优秀品质。

孔子说："其身正，不令而行；其身不正，虽令不从。"陶行知先生也一贯提倡"教师应以身作则""以教人者教己"。想要教学生要做一个诚实守信的人，教师首先应该守信。要求学生做到的，教师首先要做到。比如当教师在学生面前犯错时不应强词夺理、盛气凌人，而应坦然面对，真诚认错，自觉地积极地修正弥补，才能在学生的心目中树立诚实守信的形象。

正如苏霍姆林斯基所说："如果教师本人在他的学生心目中没有威信的话，不论把教师的劳动说得多么高尚，多么伟大，那都不过是一句空话而已……而当孩子们毫无保留地信赖他的精神力量时，他们会爱戴他，并会听从他的引导。"只有做到诚实守信的教师，才会得到学生发自内心的信任与尊敬，在孩子们心目中树立牢固的个人威望，进而成为学生钦佩的魅力师长。所以魅力教师需要守信！

二、高水平工作——追求专业化发展

一个优秀而富有魅力的教师，必然是一位能够高水平工作的人，唯有如此，他的能力才会获得学生和同事的认可与欣赏。而想要高水平工作，就要求教师学会在工作中学习，在学习中工作，顺应时代要求和趋势，追求专业化发展。

在基础教育领域，陶行知老先生提出了著名的生活教育的理论。其内容主要包括"生活即教育""社会即学校""教学做合一"三个方面。这套教育理论虽然在当时是主要针对儿童教育而提出的，但陶老同时也指出："'生活教育，与生俱来，与生同去。出世便是破蒙；进棺材才算毕业。"即生活教育将贯穿一个人生命历程的始终。所以生活教育理论对今天教师综合素质的培养也具有重要指导意义。

毋庸置疑，一名合格的教师，一位有魅力的教师，必须具备良好的专业素质。

高水平的教师，必须具备丰富的学科专业知识，懂得高效的管理学生的方法，科学的教学方式，独具匠心的教育理念与高瞻远瞩的深邃思想。而这些良好的专业素养，要靠孜孜不倦的学习才能获得。当今世界知识更新速度极快，新的教学理念、模式、方法、工具层出不穷，社会对学校所培养出来的人才所提出来的要求也在不断发生着变化。所以，一个教师要想取得在教育舞台上安身立命的根本，而不因自己知识老化、观念落伍、方法老套为飞速发展的现代教育所淘汰，就更需树立终身学习的观念，使自己成为真正的学习型教师，在工作中不断学习，通过各种途径汲取最新的理论知识与方法理念，积累教师能进行高水平工作应具备的知识理论储备和素养，让自己的进步永不停滞，从而使自己在时代发展的浪潮中永远立于不败之地。

生活教育理论认为，生活本身具有教育的意义。何谓教育意义？陶行知先生说过："教育的根本意义是生活之变化，生活无时不变，即生活无时不含有教育的意义。因此，可以说'生活即教育'。"，而生活教育则为"生活所原有，生活所自营"。生活是教育的前提和本源，有了生活，才谈得上教育。教育之所以产生，就是为了满足生活的需要。所以生活不仅对教育的产生和发展提出了客观要求，又为教育的产生和发展提供了可能性。离开了人的生活需要，教育就失去了存在的价值。没有生活的教育是难以想象的。因此，是生活决定了教育，教育不能脱离生活。因而，教师的学习（即对教师自身的教育），不能脱离生活，不能偏离自身的工作需要。

教师的业务学习，说到底是为了更好地服务于教育工作。所以日常的教学工作就决定了教师的学习内容。教师的业务学习，如果脱离实际，纸上谈兵，只学一些空洞无物的理论，而难以与教学实际相结合，这样的学习是劳而无功的。有一些青年教师，受过良好的教育，理论素养丰富，文笔也好，谈起教育头头是道，落笔行文顿成千言。洋洋洒洒的论文、文采盎然，文稿时有付梓，见诸书报，自己也颇为得意。可惜他们只是流诸空谈理论，而不知道从实践中学习和摸索教学方法和规律。每每是见解一大堆，却无助于解决教学中遇到的实际问题，思想理念好，却不知如何付诸实施。这都是不懂得在工作中学习、向工作中学习的缘故。

行是知之始，知是行之成。教师学习到的教育理论是教学工作中存在的普遍规律，反映了矛盾的普遍性。但不应忽视的是，不同学校的日常教学工作本身还具有一些独特的规律，等待教师们发掘和探索。教师只有在工作中根据每一个具体问题，结合实际情况，探索和学习解决问题的具体办法，针对性地进行学习具体理论知识，通过一个个具体实践的过程，才能最终摸索到符合本校实际情况的客观规律和工作教学方法，从而更好地服务于教学。

总之，工作要促进学习，学习要贴近工作，服务于工作，知行合一，如此，教师的工作才是高水平的。

三、高品质生活——教师魅力的源泉

教师虽是普通人，也追求平凡幸福的生活，因此高品质的生活是培养魅

力教师的重要源泉。众所周知，高品质生活，能够消除教师在工作中遇到困难给心理造成的阴霾，洗去每个教师一路辛劳后身上留下的仆仆风尘，给予教师高效工作的动力。其实，高水平生活对人的影响还不仅如此。生活就如一所大学校，每时每刻都在对人进行教育。陶行知曾经说过："过什么生活便是受什么教育；过好的生活，便是受好的教育，过坏的生活，便是受坏的教育。"因而，高品质的生活必然会对人们产生潜移默化的积极影响，通过润物细无声的方式，提高我们的品位、思想、涵养、人格魅力与知识构成。所以，一个魅力教师的养成需要高品质生活进行熏陶，换言之，高品质生活是教师魅力的源泉。

从某个角度来说，一个人生活的品质高低往往由他对身边发生的事情认识与自己身心的和谐度所决定，是对他心理状态的折射。一个富有魅力的教师，在人格修养、思想深度、生活心态、心理素质上都有出类拔萃的一面，所以往往能够在自己的天地之中营造出高品质的生活。因而拥有高品质的生活，也是魅力教师所具备的一大特征。

那么高品质生活的标准是什么？不是不缺钱生活就一定会高品质，也不是有了户外活动和精神上的放松就一定会是高品质生活。

高品质生活没有绝对的界限，主要是看感受生活的主体对这个世界，这个社会的看法和认识。内心坚强乐观的人总是可以找到事件的本质，从事件中获得收获或是吸取教训；内心脆弱自卑的人只会对这个世界产生更多的绝望与抱怨。

想要提高自己生活的品质，首先要锻炼自己的心智，让自己成为一个自信、乐观、豁达、善良、懂得感恩的人；其次，自己一定要有理想，肯吃苦努力，坚持自我，助人为乐，这样，你才会成为一个尊敬别人并受别人尊敬的人。别人对你的尊敬程度会直接影响你的社会地位与社会满足感。只有一个对世界有信心的人，才会活得快乐，才会体验到所谓的高品质生活。有良好的心智与远大的理想，这样的一个人，在众人心目中一定会独具魅力。

因而，拥有高品质的生活，是教师魅力的第三个特征。

第三节　现代教师的专业成长路径

现代教师的专业成长和发展，是推进和实施现代教育的需要，它既关系到学校发展和学生成长，又是现代教育能否全面推广的关键。现代教师的专业成长的发展，是现代教师自身发展、实现内在生命价值的需要。发展心理学研究证明，人的一生都处在不断的发展中，生命的本质就是一个持续发展的过程。如果教师要发展自己的事业，要受到学生的欢迎和尊敬，要得到社会的认可，就要不懈追求专业成长，成为一个符合时代要求的教育"大先生"。

一、教师专业成长的基本路径

现代教师的专业成长和发展，是促进学校现代教育发展、打造优质精品特色教育的需要。现代教师的专业成长与发展，能使他们在现代教育的改革与发展中找到自己的位置，是教师队伍建设不断加强、师资整体素质不断提高的重要保证，也是学校发展的重要基石。

现代教师的专业成长和发展包括三个方面内容：专业眼光——能用发展的眼光、教育的眼光看待学生和用整体的、知识的眼光看待教育性活力；专业品质——教育理想和信念，体现于日常的细微的行为之中的以身作则、率先示范；专业技能——驾驭教材的备课技能，课堂教学的七项基本技能（导入，讲解，演示，提问，板书，结课，教学设计）及课后的反思提升。

如何提高现代教师的专业水准，提升教学水平，是教师最为关心的问题。

（一）坚持教学相长，在师生交往中发展自己

教学是一种双向互动的活动，在这种互动中不仅学生获益，教师本人也得到提高。教师的教导使学生得到发展，而学生提出问题和要求，又促使教师继续学习，不断进步，这就是教学相长。现代社会，随着学科知识的不断分化，每一位教师的相对知识范围必将越来越小，教师在某些方面不如学生的情况越来越多，如果教师自我封闭，就必将走向无知。教师要勇于承认自己的不足，建立一种师生学习的共同体，在师生交往中也同时学习提高，在发展学生

中自身得到精神的发展与提高。

（二）反思教学实践，在总结经验中提升自己

教育在本质上是实践性活动，教师的提高与发展必须在教学实践中才能实现。教师的专业技能更多是一种实践技能，这样的技能更需要在教育实践中形成和发展。教师在实践中的提高很大程度上取决于本人对实践的反思，决定于是否善于不断在总结经验中提升自己。

（三）学习教育理论，在理性认识中丰富自己

教师工作需要经验的积累，更需要在理论指导下的教育实践活动，没有一定教育理论基础就难以胜任现代教师的工作，这无疑也是现代教师需要专业化的重要原因。教育理论是对教育实践活动的理性认识，用教育理论指导自己的教育实践可以减少盲目性，更为教师专业发展奠定了基础，没有教育理论指导的教学实践，不可能实现教师的专业化。现代教师的这种学习，不仅仅是指书本理论的学习，更要去考察，去培训，在实践中，跟着名师学，这样才能有进步。

（四）投身教学研究，在把握规律中端正自己

教师的专业化发展的重要内容之一就是教师要成为教育研究者，这不仅是现代教学越来越复杂的必然要求，也是教师实现自身价值的途径，教师的教育实践内在地包含着研究的意义，在现代教育中，不从事教学研究工作就难成为优秀的教师。教师要自觉投入教学研究，在把握规律中端正自己，实现自身价值。

（五）尊重同行教师，向名师学习，在借鉴他人中完善自己

教师的专业发展需要不断吸取别人的经验，需要借鉴和学习别人的成果。在今天这样一个社会分工越来越细的时代，自我封闭就等于拒绝了更多的信息来源，就可能为别人已有的成果付出无效的劳动。现代教师要学会为他人鼓掌，为同行鼓掌，为批评过自己的人鼓掌，要学会欣赏和借鉴别人的创造，只有这样才能适应时代的要求，促进自己的更快发展。现代教师的专业发展过程中既有师徒结对，共同提高，也请名师传经，提升自己的教学水平。

（六）坚持阅读，在积累中不断丰富自己

这是一个信息爆炸的时代，一些人很难静下心来阅读。对于教师这个职业不一样，现代教师必须静下心来，到诗歌中去追求教育的本真，去探索教育的原点，去体验教育和生命的美好。现代教师必须坚持不断阅读，多读精品，深入阅读，腹有诗书气自华，等到积累到一定地步，现代教师的良好文化气质就会自然而然地流露出来。

二、教师专业发展三个阶段的转化

教师专业发展必须经历由低到高三个连续的一体化发展阶段，即由"普通人"向"入门型教师"的转化；由"入门型教师"向"成熟型教师"的转化；由"成熟型教师"向"专家型、研究型教师"的转化。

在由"普通人"向"入门型教师"转化的阶段中，"普通人"主要是指刚刚毕业的大学生，他们在学校已经掌握了较为全面的、系统的教育教学理论知识，具备了扎实的理论根基。然而，对于在教学活动中使用何种教学方法，采用哪种教学模式，如何尽快适应教学环境，以及在课堂教学中采取哪类组织形式，需要教师在完成"客观主体化"之后，与实际问题相结合，找到解决问题的切入点，经过三五年的磨合，逐步迈入"主观客体化"的道路，真正实现理论指导实践，初步胜任本职工作。

在第二个阶段，即由"入门型教师"向"成熟型教师"的转化中，教师已积累了一定的工作经验，具备了扎实的教学基本功，能较为娴熟地驾驭教育教学活动。但应该看到此阶段的教师面临着一个困境：知识日渐老化，与现代教育思想、教学理论渐行渐远。教师可以通过学习，弥补自己的理论缺陷与不足，运用各种教学方法，充分挖掘学校潜在的教学资源，创造良好的教学情境，在教学活动中培养学生的创新精神与实践能力。

第三个阶段是由"成熟型教师"向"专家型、研究型教师"的转化。在这个阶段，可以组织教师系统地学习现代教学理论，由真正的专家为教师指路，让教师以更高的理论层次去把握教育教学活动中的问题，然后在教学实践中尝试解决此类问题并进行自我反思，形成独具个性的专业观点，提高教师的问题

意识与解决问题的能力，进而提高教师的专业水平。

三、信息技术促进教师专业成长

教育信息化促进了教育教学方式的转变，最先受影响的是变革的实施者——教师。教师需要积极主动适应教育信息化过程中教师角色的调整，冲破传统教师专业发展的桎梏枷锁，在技术理性和价值理性的双重选择中，不偏不倚，探索出适合教师专业发展的策略与路径。

（一）思想与时俱进

思想是行动的先导。人的思想是环境的产物，思想一旦形成，容易固化，容易形成藩篱，拒绝新鲜事物的出现。教育教学环境有其封闭性，一部分教师在大学期间没有接触过计算机，他们对信息技术的应用经验基本上靠一些零星的计算机培训和自己摸索获取的，因此，一些年龄偏大的教师计算机水平相对低下，甚至一部分教师有抵触心理，这部分教师面对计算机无所适从，未能在教学中利用计算机技术完成教学设计，教学中信息技术的应用普遍欠佳，农村地区表现更明显。在教育信息化已经到来的今天，互联网＋教育已经走进校园，需要教师跳出传统的窠臼，用现代教育理论武装自己，充分认识教育信息化给教师专业成长带来的变革。

（二）朝复合型人才发展

随着近几年现代信息技术的快速发展，特别是在教育领域内，以互联网＋教育为标志的信息技术开始大量渗透到学校教学中，教学过程中多媒体技术大量植入，这就需要教师必须系统掌握计算机的基本操作。在教师的专业化发展培训中利用教师智能研修 App 等工具有效开展人工智能教育教学实践，在学校建立人工智能教师研修实验室，开展人工智能示范教学、模拟教学、虚拟教研、情景仿真教研、人工智能教学实践课题和智能教育体验等教师培训活动，大力推动教师的信息技术水平，让传统的教师专业成长从知识型教育教学专家转变为知识型与技术型相结合的教育教学专家。

（三）教学技术手段趋于信息化

信息技术使得教学过程的实现走向多元化，为教学的程序化和精确化得以更加完美地实现提供了可能。教学设计的程序化和精确化使得教学效率得到了明显的提升，教学过程的程序化使得教学过程走向精确化，教学环节的衔接更加自然，各教学环节时间分配更加合理。"互联网＋教育"的普及实现了教师间的资源共享，人工智能工程优化了教师专业发展，这意味着教师的劳动强度会降低，劳动时间会减少，技术会代替一部分人力劳动，可以说，教师的一些重复性和机械性甚至是一部分无意义劳动减少了。

第四篇

课堂上的足迹

　　课堂教学是一种目的性和意识性都很强的活动。通过教学，学生掌握知识，习得技能，发展智力，形成态度和相应的品质。课堂气氛是在课堂教学与学习过程中，师生相互作用而产生和发展起来的，是课堂活动中教师、学生的心理过程与个性特征之间的中介环节，它具有独特性、内隐性、相对稳定性和整体弥散性的特征。不同的课堂气氛，教学效果和学习效率会有明显的差异。因此，营造积极、和谐、良好的课堂气氛是辅助教学行为的重要内容，是实现有效教学的重要条件。通过魅力课堂、活力课堂建设，推进变教为学思想理念的渗透，从而让课堂教学变得更有活力，更有生命力，更有深度与魅力，促进学生成长。

魅力课堂

"最精湛的教学艺术，遵循的最高准则是让学生自己提出问题，自觉学习。"美国著名学者布鲁巴克如是说。我们常常鼓励学生在课堂上积极发表意见，有意识地要求自己培养课堂的民主气氛。教室就是允许学生出错的地方，每个学生也都有提问、发言的权利，课堂要形成师生互动，生生互动，共同探讨的新面貌。以学生自主学习为主，教师则为学习提供环境和条件。课后，教师还要多和学生交流，获取反馈信息，交流师生感情，拉近师生关系。教师只有精心设计、提升个性魅力、平等互动共进，建设魅力课堂，才能更好地激发学生心智，陶冶学生情操，发展学生个性，启迪学生智慧，培养学生能力，更好地实现教学目标。

第一节　魅力课堂理念与内涵

魅力课堂是指有魅力的课堂教学。它通过教师的人格魅力、学术魅力、艺术魅力去影响和感染学生，使课堂充满着活力、内聚力和爆发力。苏联教育家苏霍姆林斯基说过，要用一辈子的时间准备一节课，意即上一堂好课，需要不断推敲打磨，需要长时间的知识积累，除此之外，还要有教学智慧。

课堂是师生共同活动的舞台，是课程实施的主阵地，教师的教育理念和创新探索都要通过课堂来检验。一名教师的课堂生活方式，一般要经历三重境界的升华，即知识课堂、智慧课堂与人文课堂。其中每一层次都会因教师的精彩而被赋予独特的魅力元素。

一、知识课堂

构建逻辑体系，突破重点难点。

魅力课堂的第一重境界是知识课堂。知识目标是一堂课的原点，是构建三维目标的基础。知识课堂是以知识为载体、基于经验的课堂。一名青年教师，起码要经过三年至五年的打磨，方能展现其对教材内容精深的理解和清晰的架构，从而使学生真正体验到知识课堂的独特魅力。

建构知识课堂，要把握三个要点：

其一，厘清知识点。传授知识是课堂教学的起点。这就要求教师把一节课教学内容涉及的基本概念和原理吃透、讲清。教师在备课过程中，要以文本知识为依托，进行充分预设，创设教学情境，解读概念的内涵和外延，条分缕析地梳理知识点间的关系，进而迁移和运用原理性知识，"拎清知识点"是一节课的底线要求。为此，教师要基于教材而不拘泥于教材，要对教材内容进行加工重组，可从"为什么、是什么、怎么样"入手。

其二，突破重难点。重难点知识往往是学生认识的盲区，同时也是课堂教学中最容易引发学生探究和创新的地方。如何巧妙地突破重难点，是教师的功力所在。这不仅要求教师对学生可能出现的思维障碍进行预设，而且要在课堂教学资源的动态生成过程中，注意甄别学生的思维误区和盲点，以问题为载体驱动学生的思维，引发学生进行深入思考，实现对重难点知识的突破。突破重难点是一堂课的关键所在。

其三，建构思维支架。搭建知识逻辑体系是意义学习的要求，便于学生梳理知识的内在逻辑关系（种属关系、因果关系、并列关系等）。教师要在一个"点—线—面—群—网"知识系统中，让学生学会循序渐进地演绎和提纲挈领地归纳，从而给新知识搭建思维支架，实现形式上的生活逻辑向实质上的知识逻辑转变。这是各门学科在培养学生学科核心素养时一个共同的要求。

二、智慧课堂

创新教育智慧，唤醒问题意识。

魅力课堂的第二重境界是智慧课堂。国际未来学家儒佛内尔博士说过：

"明天的资本，就是智慧。"相对于智慧来说，知识是外在的、被动的，是智慧的产物；而智慧才是内在的、主动的，具有生命活力的，是创造的源泉。那么，魅力课堂教学就要超越知识传授的机械复制，给予学生智慧的火种，从知识走向智慧，从培养知识人转化为培养智慧者。

打造智慧课堂，同样要把握好三个要点：

其一，唤醒问题意识。问题是教与学的载体。孩子的天性本来如同一个个"问号"，但是随着年龄的增长，课堂上越来越多的是"句号"，其症结在哪里呢？传统课堂是教师预设下的"授受制"课堂，是"去问题"的应试课堂。如此一来，静观、静听、静思便成为学生最主要的课堂生活方式，这必然导致学生主体性的丧失和问题意识的淡薄。智慧课堂的魅力在于教师能够把学习的内容巧妙地转化为问题情境，激发起学生的问题意识，营造平等对话、自由讨论的开放性氛围，促使学生不断地发现问题、生成问题、分析和解决问题，从而在"想问""敢问""有问"和"善问"中点亮学生思维的火花，让学生走出教室仍然怀抱新奇。

其二，留下思维时空。留白是一种智慧。"此时无声胜有声""此处无物胜有物"，留白以空白构造空灵韵味，给人以美的享受。课堂上教师应以开放的心态设计出动态的"学"案，而不是一成不变的"教"案。弹性预设，为课堂实施留下足够的弹性时间和空白地带，为知识的动态生成和学生的自主建构留有余地。因此，教学应着眼于"最近发展区"，给学生留下思维的时间和空间。

其三，回归生活本真。生活即教育。走向生活世界，是教育获得生命力的根本路径。课堂教学必须引导学生关注生活、体验生活、反思生活，以激发学生的学习兴趣，引发学生真实的情感共鸣，这不仅有利于提高学科知识的信度，还有利于提升思想品德教育的效度。

三、人文课堂

引领精神文化，落实立德树人。

魅力课堂的第三重境界是人文课堂。其最高境界也必将是超越知识与智慧的课堂，是回归人性的课堂，是启迪灵魂的课堂，是体验生命的课堂。从学科课程的功能定位看，一名专家型教师，其课堂不会局限于基本理论和思维方法层面，而是充满着情趣，散发着艺术气质并伴随着强烈的审美体验，让学生明真理动真情，心潮起伏跌宕，体验刻骨铭心，课堂呈现出的是"恨也难禁，爱也难禁，怨也难禁，喜也难禁"的妙境。要达到这样的境界和效果，需要做到三点：

一要奠定精神底色。人是一个精神的存在，精神是人类灵魂的家园。苏霍姆林斯基说："尽可能深入地了解每个孩子的精神世界——这是校长和教师的首条金科玉律。"那么，给学生抹上精神的底色，消解科学与人文在现实中的对立和冲突，让自由的科学回归到理想的人性，是教育的应然之义。为此，魅力课堂教学要引领学生形成积极向上的人生态度和悲天悯人的情怀，让学生认识精神世界中的真实自我。

二要引领独立人格。教育是一种人性唤醒。教育面对的不是单纯抽象的学习者，而是一个个具有丰富独特个性的人，他们在兴趣、爱好、性格、气质和特长等方面各不相同，各有侧重。反思当前课堂教学倚重的"标准化"，实则是对学生个性的漠视。人的发展就是个性的发展，人性、人气和人味是课堂首要的精神品质。因此，魅力课堂教学必须根据学生的个性特点和各自独特的接受方式，因材施教，把知识经验内化为个体的精神财富，引领学生自我认知，独立判断，促使学生成为自我教育、自我发展的主体。

三要助推生命成长。要把课堂还给学生，让课堂焕发生命的气息。旧的学科本位课程观，从根本上缺失对人的生命存在及其发展的整体关怀。因此，教育要回归本真，就必须关注学生立体多维的生存状态和渐进丰盈的生命过程。魅力课堂应该是师生间、生生间开展的心与心的对话，是一种涵盖思想、文化、情感的交流活动，应把认识生命、理解生命并提升生命作为基本追求，从而引导青少年体悟生命进化之道，发挥生命的潜能，显现生命的真谛并澄明生命的意义。

要达到这三重境界，让课堂散发魅力，靠什么作为保障？最重要的就是全面提升教师的执教能力，提高课堂教学的有效性。要向40分钟要质量，深入挖掘教师魅力、教材魅力、教法魅力和学法魅力，融"四个魅力"于一体，使课堂成为激情课堂、趣味课堂、活力课堂和创新课堂；要为学生创设宽松自由、平等民主的学习环境，最大限度地发掘学生的学习潜能，达到情感、态度、价值观三维目标的整合，实现教与学的双赢；要突出课堂评价的发展性功能和激励性功能，重视对学生学习潜能的评价，立足于促进学生的学习和充分发展，为"适合学生的教育"创造更有利的支撑环境。只有这样，才能让学生在快乐体验中学习，让教师在研究状态下工作，让学校在改革创新中发展。

第二节　互联网背景下魅力课堂建设

魅力课堂的构建是基于尊重学生自然天性、成长规律，激发学生内在动力，努力让教学迸发绚丽多彩的魅力光芒，让学生在激情快乐、趣味幸福中学习成长，从而推动学生在独立学习、合作学习、探究学习、分享学习、迁移学习、总结学习、系统学习中自主成长、创新发展，让学习成为学生生命成长的需要。

一、日常管理的魅力

借助互联网技术能够实现更加广泛的沟通，既可以让教师在日常的教学过程当中对于自我有清晰的认识，实现更加良好的自我评价和改善；又能够通过互联网平台实现与家长的紧密联系，让我们的教学和日常班级管理更加高效化、更加紧密化，收到更具魅力的教学效果。

（一）教师的自我反馈

具体来说，教师如何开展良好的教学，如何能够获得更加优质的课堂效果，我们可以通过互联网借鉴一些优秀案例，同时也可以对我们在实际工作当中所进行的操作进行视频录制。尤其针对某位教师的课堂教学活动进行全程记录，并发布到我们的网络平台当中，由其他同行一起进行观看、分析、评价、总结，这样的方式将能够更好地保障我们的学习更加直观，更加真实，更具实效性，也能够以自身的专业魅力感染课堂，感染学生更全身心地投入到魅力课堂当中。

另外，针对课堂教学当中所面临的各式各样的问题，我们可以进行相关的数据记录和收集，不仅仅在每一次教研当中进行交流，同时还可以每天利用互联网平台进行课堂教学的工作实践记录。另外，我们还可以建立起有关的记录方式和记录模板，将班级当中的课堂教学进行分类，对于每次投入工作所获得的成效进行多角度评价及学生、家长的问卷调查，并将数据记录，以定性和定量两种方式进行更加客观的评价。

（二）班级管理与沟通

班级管理可以借助互联网方式进行问卷调查、数据记录、信息共享，还可以进行阶段性的班级活动记录和分析。先由教师记录自己的教学活动或者是班级活动的各项方案，以多种形式组织研讨，达到改进自己的教学效果的目的。另外，建立家长与家长、家长与教师、教师与教师之间的沟通交流平台，让我们的魅力管理和引导深入到学生的每一个层面，让其实现更好的家校互动，进行更加广泛地沟通和反馈。教师与家长进行沟通，既可以了解家长的要求，也可以了解孩子在家庭当中的动态，更可以相互交换意见；教师之间进行交流，则能够相互分享班级当中的实际情况，以及针对这一情况的处理方法和效果；家长之间可以相互交流经验，而教师也可以在与家长的交流过程当中获得启发。

二、课堂教学的魅力

事实上，互联网技术和现代信息技术在我们的课堂上运用已经有不短的时间了，而我们在教学课堂当中引入互联网技术，的确能够提高我们的课堂效率，对于教师的教学有着许多帮助。我认为，在小学教学课堂中，构建形象化思维则更需要现代信息技术。在今天，"互联网＋教育"让我们的现代信息技术获得了新的提升，在未来的教学当中，怎样实现"互联网＋"和小学学科教学过程的配合，实现更加精彩、更具魅力的课堂，则成为未来探讨的方向。

（一）"互联网＋"让知识结构更成体系

小学课程教学虽然将知识安排成为章节和单元的形式，但实际上只是相互之间串联性相交，联系紧密程度小学和高中相比相差许多，教师在授课过程当中则需要构建起一种体系，将知识串联起来，并用一种更为简单的方式让学生获得。但是传统的教学过程当中，多是依靠教师的口述，既无法构建学生的思维体系，同时教学效率也相对较低。在这种情况下，如果教师能够借助互联网构建出更加成体系的知识框架，学生的内心当中就能形成一种知识脉络，既能够提高课堂的效率，让教师的讲解更加容易，又能够在这样的框架之下让学生自主学习。

例如，小学阶段的课程知识可以运用现代信息技术做成思维导图，把看似分散的知识点连成线、结成网，使知识系统化、规律化、结构化。这样的力量是强大的，按照一定结构组织起来的力量绝不是个体力量的简单叠加，思维导图这种形式是最为可行的，它能够很好地让知识成为体系。

（二）"互联网+"让知识获取更加直观

在小学生获取知识的过程当中，我们往往发现虽然所学知识并无太大难度，但是许多学生在学习开始便产生了畏惧心理。这样的思维严重地影响了我们的教学开展，这是由于小学生学习习惯、学习方式未能养成，因此他们的畏难心理可以理解。但从另一方面来看，学习课程新知，如果不能构建起良好的思维，那么在未来的学习过程当中，薄弱的知识基础及对于学科的畏惧之心就会成为未来学习的一大障碍。

"互联网+"如果能广泛地运用在教学课堂当中，则可以使知识变得更加直观，更容易理解，一方面加速了学生的理解，另一方面在一种轻松愉快的学习氛围当中，学生内心的紧张感和畏惧感大大降低，以一个良好的心态来学习便能够获得效率更高的学习结果。

第三节　魅力课堂推崇尊重教育

课堂要想拥有魅力，必须是互相尊重、互相了解与深度互动的课堂。尊重教育，就是在教育的过程中，使得学生能够知道如何去学会尊重、表现尊重，而尊重的概念，有关辞典的定义是：尊敬重视、谦卑态度、自我的尊重、庄重等。由此可见，不论是对自我还是对他人，尊重都是个体存在对于客观外界现实在生命意义上的心理对应，广义来说，尊重是对全体人类及自然的尊敬及重视。而尊重这个词，是人与自身、人与人及人与社会、自然之间的，是属于内在的心理学与外在的社会学两个方向的存在。从心理学而言，尊重其实是一种健康的心理要求，是人对于自我尊严和价值的追求体现；而从社会学角度而言，尊重其实就是一种处理人际关系的原则，是建立良好的人际关系的基础。

一、尊重是一种高级精神需求

尊重一词出现在心理学专家马斯洛的需要层次理论里边，尊重也是属于人类的一种需要，包括了两个层面的内容，一类是自我的尊重，另一类是来自他人的尊重。因此我们将自我的尊重称为自尊，而自尊是个体对自身做出的常有评价，表达的是个体在某些程度上对自身的肯定或者否定能力。而他尊就是来自他人的尊重，通常他尊的前提都是建立在地位、名誉或是固有看法及观点之上，当他尊愿望得到他人承认之时，个体才会感觉到生命的价值所在。尊人，就是尊重别人，尊重他人；而他尊，就是来自他人的尊重，这两个概念是相互对应的，尊人在某种程度上就是尊重他人，只不过是存在客体区别而已。所谓的尊重，就是自尊、尊人与他尊的统一。

而小学的尊重教育，其实是一种德育教学方式及定义，以尊重为主要前提基础，从教育教学的规律出发，给予学生充足的信任及尊重，为学生营造尊重的氛围，使其能够提高自尊自信的能力，不断促进自我教育，培养对他人、社会乃至自然的尊重意识。在两个关系层面，我们要求师生之间也要处于平等关系，这也是某种意义上的相互尊重。但是尊重教育，并不是说在教育学科分门别类地开设有关教授如何学会尊重的课程，而是观念上渗透到各类教育中去，不管是德育也好、智育也好、体育也好，都要有尊重教育的身影。所以尊重教育的内容从德育而来，但是必须回归到广大层面的各类教育形式中，付诸多种不同的教育内容层面。将尊重贯彻到教育的每个环节之中，将尊重二字牢牢地刻印在师生内心，在学校营造尊重的校园氛围，并且教师作为主导者，必须因材施教且尊重学生的差异性存在，树立良好的榜样意识。此外也要将这种尊重的观念潜移默化到学生的意识上，培养尊重的情感。

二、尊重教育的主体体现阐述

在学校发展和日常教育教学工作中，我们要尊重教育及其规律，尊重学校，尊重教师，尊重学生。只有在尊重教育的基本理念指导下，学校才能良性发展，教育质量才有保障。

（一）尊重教育及其规律

小学的尊重教育，主要是教育活动必须建立在尊重的基础上，对于道德规范及法律法规进行有规律的尊重，不但要尊重客观存在的规律，而且也要对活动中的主体实现尊重，即教育的双方，教师及学生。而尊重教育的规律，就是尊重规律在教育界的体现，教育规律包含了与社会和与人身心发展互相适应的两个层面内容。尊重教育与社会层面，主要是义务教育年限、课程、学制等与社会的协调和适应；而与人的身心层面，则是教育活动的实施必须从教育对象的阶段特点出发，进行协调和促进。教育活动能否成功，很大程度上决定是否能够恰当地把握好这之间的关系问题。素质教育是党和国家组织了一大批教育方面的专家学者设计且较为完善、符合教育教学规律的教育。只有尊重教育教学规律，才能够保证教育质量，才能促进生命成长。当前教育界存在的诸多问题，大多是由于没有尊重教育规律，因此尊重教育的规律实际也就是保证教育的质量。

（二）尊重教师

尊重教育者，广义上理解是尊重学校包括校长在内的一系列带有教师身份的人员，还包括了学生的家长；狭义上的理解是专指教师一类人员。在教育过程中，对于教育者的尊重主要体现在两个层面，一个是上级对教师的尊重，另外一个是学生对教师的尊重。而针对第一种意义来说，是强调学校对于教师的尊重。而学校需要对教师的劳动及教育工作实施最为基本的尊重，就是需要认同教师自身存在的价值，而教师个人的积极性和创造性才能够得到更好的发挥。首先是针对教师的个性及劳动的自主性，必须要给予教师充分的自由进行教学的设计，不管是教学方式或是策略都要充分尊重教师的决定；此外还要维护教师的形象及人格尊严，在对教师进行评价的过程中，必须公平公正地进行有效的评价。避免在学生面前评价教师的优缺点，对教师的负面影响控制在校内。此外还要对教师所提出的有关学校教育教学工作建议给予尊重，学校要加以肯定和鼓励教师的创造性、建设性意见。最后要尊重教师拥有的自我提升权利，帮助教师解决在提升自我知识结构过程中所遭遇的难题，鼓励教师不断进行进修。教师是教育理念的贯彻和执行者，若是学校和社会能够形成尊重教师的合力，对教师的尊重才能体现真正的尊重教育。尊重教师的人格、想法、劳动和成果，可以更好地实现尊重教育。

（三）尊重学生及其成长规律

学生的生命成长是教育的核心目标，有质量的教育，注重对学生的关爱、引导、兴趣发展等，要想培养学生，实现生命成长就必须以尊重作为前提。在尊重学生的基础上，引导学生自己教育自己，树立自我教育理念，引导学生自己管理自己，培养干部，引导学生自己教育自己，自己管理自己，自己在实践中思考成长进步。尊重所有学生，对一切生命一视同仁，要求同学间平等尊重友爱互助，对弱者不歧视，对优者要积极创造条件，尊重学生自身存在的个性差异和特长优势之处，多为学生创造发展的空间。同时还要尊重生命成长规律，该规律是人自身发展的规律，教育的对象是人，因为尊重教育必须尊重生命，也就是人的成长规律，任何不尊重生命成长规律的教育，必然把教育引向歧途。生命成长有其自身的特点，不注意研究和尊重这一点，就谈不上教育质量。对学生而言，就是尊重青少年生命发展的规律。由于每个学生的家庭背景、生活环境、学习环境各不相同，这直接影响着学生的心理变化，影响一个人的成长。作为教育者，应该在了解生命的基础上，尊重生命成长的规律，按照规律引导生命成长。

第十一章

活力课堂

长期的课堂教学是以灌输和被动接受的教学方式而设计的，课堂过于强调知识的完整性和深度，过于强调传承和积累，没能把生动的、鲜活的课程事实引入课堂，制约了学生的自主发展和个性发展，使学生的内在活力得不到充分发挥，导致课堂缺乏活力，因为课堂活力来自学生对课程事实的感受和体验，来自对问题的敏感和好奇，来自丰富的猜想和假设，来自不同观点的撞击和辩论，来自探究过程的撞击和喜悦。科学探究作为课堂的教学方式和学生的学习方式，为学生提供了内在活力发挥的舞台，为课堂注入了活力。

第一节　保持良好的情绪与情感状态

要想构建活力课堂，需要保持良好的情绪与情感状态，才能够有充沛的精神，丰盈的姿态去开展教育活动。

一、教师须保持良好的主导情绪状态

课堂教学中教师的主导情绪应该是积极的。教师的情绪是极易感染学生的，当教师由于种种原因拉长着脸，或表情淡漠、忧心忡忡，或神色恍惚、烦躁不安地走进教室，打开书本进行课堂教学时，学生会感到情绪压抑，从而使得学生心理闭锁，阻碍了新信息的输入。而当教师面带微笑，怀着喜悦的心情进行课堂教学，学生会倍感亲切，快乐之情油然而生。以教师自己的快乐情绪来影响和引发学生的快乐情绪，会使学生心扉敞开，思维活跃，可以更有效地接受信息的输入。

德国教育家第斯多惠十分强调教师的这种情绪状态的重要性，他指出："我们认为教学的艺术不在于传授本质，而在于激励、唤醒、鼓舞。而没有兴奋的情绪怎么能激励人，没有主动性怎么能唤醒沉睡的人，没有生气勃勃的精神怎么能鼓励人呢？只有生气才能产生生气，死气只能从死气而来。所以你要尽可能使自己习惯于蓬勃的生气。"这位伟大的教育家的话非常适合教学课堂。因此，在课堂教学中需要教师以饱满的热情来调动学生的情绪，振作他们的精神。兴奋的情绪和振作的精神是大大提高学习效率的必要条件。

二、加强教材内容的情感处理

教师在教学中，应该富有情感地讲授内容，给学生情感上的感染，使学生在接受认知信息的同时，接受相应的情感因素的传递，达到以情生情，以情促知，知情共育的效果。

（一）要善于把握、挖掘教材本身所蕴含的情感因素

教师在钻研教材和设计教学时，必须充分挖掘教材中蕴含的情感因素，即既要备好认知因素方面的课（知识性、技能性、思想性），也要备好情感方面的课（情感性、体验性、表情性）。而后者在课堂教学中往往被忽视。在课程教学中，首先应该用课程学科本身所具有的魅力去吸引学生、感染学生，使学生产生强烈的情感。其次，可从课程学科应用的广泛性入手，把枯燥无味的知识与现实生活联系起来，让学生意识到课程知识就在我们身边，从而使学生产生亲切感，产生对课程的学习兴趣，激发他们求知的情感。再次，抓住课程本身具有的抽象美、逻辑美，诱发学生联想，在美感中提高追求真知的动力，促使学生产生一种愉悦的心理体验。

（二）要善于用语言来表达教材内容中的情感

过去一般的教学比较重视言语的通俗易懂、简明扼要，只求准确、清晰。在理解了情感在教学中的作用后，现在的教学言语除了准确清晰外，还应追求生动活泼、形象、富有情趣和感染力，有一定的幽默感，以便使讲课言语既传神又传情，达到科学性和艺术性的完美统一，当然，这要求课程教师具有扎实的语言功力。

（三）要善于用表情来传递教学内容中的情感

教师在教学中使用最多的是言语表情。言语表情是通过在教学中的语音、语调、语速、节奏、停顿等变化来表达情感的。教师抑扬顿挫、缓急有致的讲课声，既能传情达意，感染学生，又能帮助学生理解内容，引发兴趣，而且言语表情的变化还会刺激强化学生注意力的集中性和稳定性。

三、对不同学生给予不同的情感关注

传统教学十分重视"知识与技能"，优秀生和潜能生的区分，实际上是以掌握"知识与技能"的优劣来衡量的。而事实上，传统意义上的"优秀生"和"潜能生"都有各自的情感优势与缺憾，因此，我们必须对不同学生给予不同的情感关注，以实现真正的因材施教。

"潜能生"课堂学习时的情感态度特点可能是："没有自信的、压抑的、恐惧的"，其外现行为是"心不在焉、躲避的、依附的、沉默（或者破坏）的"，而"优秀生"除了积极进取情感态度特点外，也有可能是"浮躁的，自我炫耀的或者是心不在焉，有时高度焦虑"。这些不同的情绪表现，都需要教师在课堂教学中察言观色，并给予合适的处理。

对于"潜能生"，认知上要给予低坡度，情感上要给予多激励。我们的教学过程中，教师在教学中往往倾向少数尖子生，提问提优生，板演找优生，谈心找优生；相反，对"潜能生"歧视冷淡，引导关心帮助不够，致使后进层面不断扩大，造成严重的两极分化。我们必须"从最后一名抓起"，应"大搞水涨船高，不搞水落石出"，改变对"潜能生"的态度，增加对"潜能生"的情感投入，使他们感受到老师的温心、爱心和诚心。心灵的沟通会使学生普遍对教学内容产生浓厚的兴趣，使学生由厌学转化为愿学、爱学、乐学，从而一改教学内容的沉闷气氛。对于优秀生，认知主要给予高挑战，情感上要给予严要求。课堂教学过程中，教师题目的设计要有坡度，一般的知识点集体过关，而其中蕴含的难点，自然给优秀生以挑战。在集体研讨过程中，要让他们学会合作，学会倾听，学会吸纳，学会欣赏。

四、加强学生的自主探究意识，培养创新和实践能力

爱因斯坦说："最重要的教育方法是鼓励学生实际行动。"围绕问题情境，给学生充足的时间和空间，放手让学生自主探究，不仅可以充分调动学生的感觉器官和思维器官，更重要的是让学生经历和体验知识的形成过程和问题的解决过程，从而在过程中开发学生的智能，展示全体学生的个性、创造性、能动性，提高学生的素质。这是学生发现问题、提出问题、自我创新的重要环节，是主体参与教学的基础。例如：在问题研究中，学生通过积极开动脑筋，交流合作，找出很多种不同的方法。学生内在的潜力是不可估量的，只要我们懂得去挖掘。

在教学中，要加强学生对开放性问题的训练，尽可能给学生创设适当的课程情境，让学生展开研究，使不同层次的学生获得不同层次的发展，培养学生的创新能力。课堂中设计的讨论题，教师要进行有理有据的指导，让学生之间进行讨论研究，这样学生在生动、活泼、民主、和谐的学习环境中，既能独立思考，又相互启发，在共同完成认知的过程中加强思维表达、分析问题、解决问题能力的发展，逐步提高学生参与合作学习的活动质量。

第二节　活力课堂建构元素

活力课堂的构建，都有其基本构成元素，还有对应的模式。对这些元素和模式进行解析，有助于更好地构建活力课堂。

一、研究活力教学的纲领——教材

"上课"首先关注的是课上讲什么内容，要达到怎样的教学目标，要培养或提高学生哪方面的能力。一节课并不是教师教的内容越多越好，越难越好，太多了学生不消化，太难了学生不易接受，反而会挫伤了他们的学习积极性。这就是说一节课教多少内容，难易程度如何，如何既能让学生学到东西，又

能提高学生的学习兴趣，培养他们提出问题和解决问题的能力，这些都要求教师对课标、大纲和课本有深入的研究和合理的把握。要提高课堂效率，教师对教材的理解非常重要，这就需要我们教师认真钻研教材，挖掘教材，整合教材，用好手里的教科书，充分理解教材编写者的意图及其中渗透的课程思想和方法。

二、研究活力教学的主导——教师

一节课的内容、结构、进度等是由教师具体设计引导的，所以教师自身的业务能力对教学的有效性起到了重要作用。这就要求我们教师对自身的素养要有更高的要求，不但要了解自己的优势，更要清楚自己的不足，要研究自己，对自己有较全面的认识，才能使自己的发展有更广阔的空间。有一些教师在"课前"和"课上"下了很多功夫，而忽视了"课后"。其实上完一节课后的反思和再学习，对我们教师的成长尤为重要。此外，我们还可以向同行请教，听听其他老师是怎样上的，或是问问学生对这节课的感受，并且结合他们作业中出现的问题来反思这一节课。只有在不断学习交流反思的过程中教师的教学水平才能逐步提高，从而为课堂教学的有效性打下坚实的基础。

三、研究活力教学的主体——学生

一节课是否有效主要还是应从学生的角度来衡量，所以教师在备课时应充分考虑到学生的知识水平和接受能力，因材施教，因人而异。

（一）课堂形式

教学的课堂形式并非单一的，除了采用传统的讲授方式外，还可采用分组讨论、自学提问等形式，不但可以活跃学生的思维，培养独立思考的能力，而且可以让全体学生充分参与到课堂教学活动中，进一步体现了学生在教学活动中的主体地位。但究竟用何种课堂形式还需要根据所学内容的特点和学生的具体情况，不能为热闹而热闹，流于表面化，要考虑怎样才能让学生掌握得更牢固，理解得更充分，同时通过这一形式的授课能否使学生掌握更多、更优、更活的学习方法，领悟更深的内涵。

（二）注意力集中程度

根据心理学的研究表明，学生在课堂上的注意力是时而集中时而分散的，不可能 40 分钟时时保持高度集中状态，在开始的 15 分钟左右效率较高。作为教师就应掌握这个规律，在内容的讲解时间安排上有所侧重，在听讲与练习的用时上有所规划，不需 40 分钟都争分夺秒地用上，生怕少讲一句话，少做一个题学生就会出问题。其实只要把难点、重点讲透彻了，问题的思路讲清晰了，少说一点反而是好事。以数学为例，数学可能是一门略显枯燥的课程，但老师的讲解可以变得生动，语言可以幽默，有时讲一些简单的数学史、数学家的小故事，或做一些和数学有关的小游戏等可起到调节课堂气氛的作用。

（三）问题设计

教师的提问应该是精心设计的。首先问题要明确，不能含糊其辞；其次问题要有导向性，包括题目的思考角度和解题思路，问题和问题之间互相关联，从而逐步提高要求。其实就是找出条件和结论之间关系的跳板，可以引导学生走向成功，这跳板不宜太多，也不应太少，多了学生会觉得啰唆，没味道，太少了会让一部分同学无以应对，茫然四顾。因此课堂问题的合理设计能让学生在学习过程中充分享受到思维的乐趣，树立学习自信心，提高学习积极性。

（四）分层教学

要使每位学生在课堂中都有所收获，分层教学是必不可少的。教师在安排教学内容时要兼顾到不同层次学生的要求，既要以"双基"为本，又要在原有基础上有所提高和突破，放置一些学生"跳一跳"就能摘到的"果子"，不能只局限于一些唾手可得的成果。课堂上的讲解有层次，作业的布置也要有层次，让作业成为学生自主学习的过程，设置基础类、提升类、创新类作业，可分为必做题和选做题。必做题应能够反映学生必须掌握的知识点，只要学生上课认真听讲，就可以顺利解答。选做题则选择一些要对知识点有较高理解水平或牵涉较多知识点的问题，虽然不一定每个同学都能顺利完成，但还是应鼓励同学们去积极思考。为提高积极性，可对作业完成优秀或作业进步明显的同学给予不同形式的奖励。

（五）评价总结

对每一个同学进行评价，一方面是为了全面掌握学生的学习状况，了解他们的学习水平、学习能力、学习潜力，了解影响他们学习的非智力因素，力争能够让每一位学生在原有基础上得到切实的发展，另一方面也是教师进行教学反思和改进的良好素材。

平时在教学中应注重指导同学们对学过的知识、做过的习题做好归纳与总结工作，用好笔记本和错题本。笔记本不能仅仅是老师上课时板书和例题的再现，重要的是应该有学生自己的学习心得体会，如听课时的疑惑点、新学概念的注意点、解题中运用到的思想和方法等，从而帮助学生进一步理解解题方法。

要提高学生的课堂效率，教师应根据学生的特点逐步调整变化，不能只局限于以往的经验，所以教师应不断学习、反省、总结和研究，探索出适合目前学生的最优化、最有效的教学方法。

第三节　提问激活课堂活力

课堂提问是一门艺术，科学地设计并进行课堂提问，就能及时唤起学生的注意，促进学生知识迁移，创造积极活跃的课堂气氛，优化课堂结构，提高教学效率，让课堂充满活力。

一、把握提问"两度"

（一）频度

我们反对"满堂灌"，但也不赞成"满堂问"，因此课堂提问要避免走入一问到底的误区，要问得适时，问得巧，问得趣，问得有价值，真正体现学生的主体地位和教师的点拨作用。因此教师的提问次数应保持在一定范围内。

（二）坡度

由于学生的智力水平和非智力因素的差别，导致不同学生掌握同一知识点的速度有快有慢，效果有好有差。为此，在设计问题时，对于有一定难度的问题，可分解成问题串的形式，由易到难，由浅入深，由简到繁，层层递进，环环相扣，引导学生思维步步深入，促使学生的思维由未知区向最近发展区转化，向已知区转化，在循序渐进中让学生经历新知的学习过程。在问题分解时，也要注意坡度不能太小，要给学生跨越"障碍"的空间，不要把知识"嚼碎""喂"给学生，要让学生的思维得到充分的训练。

二、提高提问技巧

（一）提问要及时

好的问题，还要注意提问的时机，若时机把握得不好，就达不到应有的效果。所谓问点，就是指问题的切入点。课堂提问，必须精心设计问点，做到有疑而问。有疑问才会有争论，有争论才能辨别是非，也才能引起学生探求知识真理的兴趣，特别是经过教师的引导，同学之间的交流，使问题得到解决，会有一种"洞然若开""豁然开朗"之感，不仅使学生心理上、精神上得到满足，而且增强了学生学习的信心。

学生之疑一般有两种层次：一是自学已有疑，疑而不解。二是自知无疑却有疑。对学生自知有疑之处教师要引导学生大胆把疑问讲出来，让学生谈自己的理解，然后教师把对此问题的多种疑问一一列出，逐步解决。

（二）提问要适当

教师设置的问题难度要适中，既不能设置太容易，学生不用过多思考动脑就能回答出来，也不能设置太难，使学生百思不得其解。

根据维果斯基的"最近发展区"理论，要让学生"跳一跳把果子摘下来"。这就是说：要让学生经过思考、努力、交流合作基本上可以把问题解决。学生通过自己的努力，把问题解决，更激发了他们探究、解决问题的积极性，特别是对一些学习比较差的学生，应该提问一些比较简单的题目，增强他们学习的信心，这比学会知识更重要。再逐步培养他们解决疑难问题，学生就会相信，只要自己努力，不仅能够解决疑难问题，而且会变成一个优秀生。在教学过程中，教师提出的问题学生答不出，这是常有的事。原因往往是难度过大，这时，教师应想方设法"化难为易"，以避免陷入"启而不发"的境地。

（三）提问要精炼

过多的重述容易使学生产生不认真听讲的不良习惯，还可能干扰学生正在进行的思维活动。因此，候答时，教师一般不宜重述问题。教师提问后留给学生足够的思考时间是教师课堂提问的重要策略之一。调查研究发现，许多教师在提问之后，给学生所留的思考时间往往不足一秒。由于没有足够的思考时间，学生的思维很容易卡壳，他们往往因组织不好回答而放弃机会，甚至简单的问题也会发生"舌尖效应"——形成的想法到了嘴边又忘得无影无踪。如果留给学生足够的时间，学生回答问题的质量和参与人数都会相应提高。

（四）提问态度要自然

教师向学生发问时，态度要安详而自然，要有耐心，要表示相信学生能够回答，这样学生就愿意回答。教师发问的态度若含有考问，或严肃的表情，学生就不能安静地思考，因而不能畅所欲言。

三、提问要做到面向全班，因人而异，正确评价

"为了每一位学生的发展"是新课程的核心理念。因此提问应该面向全体，因人而异：难度较大的问题由优等生回答，一般的让中等生回答，较容易的让学习有困难的学生回答，比较专业的问题则让这方面有特长的学生回答。对学生的正确回答，要予以肯定并表扬，对于不完整或错误的回答，也要帮助学生树立信心，做出积极的评价，并尽可能再给他一次答问成功的机会。教师要保护学生回答问题的积极性，从而进一步调动学生学习的积极性，不断优化学生原有的认知结构。回答正确的，其原有的认知结构得到了肯定和强化，教师要抓住时机，步步紧逼，穷追不舍，可采取一题多变，一题多问，使学生触类旁通，将问题推向深入。回答错误的，也要及时调整改变有欠缺的认知结构。实践证明，这样因人施问对培养各层次学生的学习兴趣，尤其对破除"潜能生"对提问的畏惧心理有很好的效果。教师恰到好处的肯定或表扬，会继续激活学生的思维活动，使思维张开翅膀，自由翱翔。

第十二章

变教为学的课堂

　　"变教为学"的教学目的并不仅仅是知识的传授，更重要的是育人。所谓"变教为学"就是把"以教为主"的课堂教学变为"以学为主"的课堂教学，也就是把课堂上以教师"讲授"为主的教学活动，改变为学生自主或合作开展的"学习"活动，让学生的学习活动占据主导地位并且贯穿始终。倡导学生自主学习，真正成为课堂的主人。学生根据活动任务的要求，通过自主探索，与同伴交流、合作等方式实现活动目的。为了实现"变教为学"的改革，力求让教师退下讲台，少说话，努力给学生创造多活动、多表达的机会，而实践起来却总是达不到预期的效果。

第一节　变教为学的概念与内涵

　　变教为学作为一种颠覆传统教育的教育改革，其包含两层含义：首先，"变教为学"是指把"以教为主"的课堂教学变为"以学为主"的课堂教学，把课堂上以教师"讲授"为主的教学活动转变为以学生自主或合作展开的学习活动，让学生的学习活动占主导地位并贯穿始终，目的在于在课堂中充分发挥学生的主观能动性，把学生从知识的"被动接受者"变为"主动学习者"。其次，"变教为学"是指为了学生的全面发展而改变传统教法。改变教师的传统教学，是为了能够唤起学生学习动机、为了诊断学生学习困难、为了帮助学生学习提升。

　　教师的主要任务是教书育人，而"教书"是手段，"育人"才是"教书"的真正目的。变教为学的教育变革以"育人为本"为指导思想，提倡教师用发展的眼光看待学生的成长，注重同时培养学生的个性化与社会化，为学生未来成为全面发展的人做准备。

一、变教为学的教师观

变教为学的课堂教学中，教师的角色定位为"导学、诊学、助学"。其中"导学"指的是引导学生的学习；所谓"诊学"就是诊断学生的学习，"助学"指的是依据诊学的结果对学生的学习实施有针对性的帮助。

二、变教为学的学生观

变教为学倡导的学生观是以学生为本，为学生的全面发展为教育的最终目的。在课堂教学中要充分保证"每个学生都有活动""每个学生都有机会""每个学生受到关注"，即教师的学习活动设计要充分激发学生的学习动机，使每位学生都参与到学习活动当中；不同的教学组织形式使每个学生都有发言展示的机会；教师少讲，将时间用于关注每个学生的活动情况。

三、变教为学的学习内容

变教为学所倡导的学习内容需要做到突出本质、渗透文化、实现关联。所谓突出本质是突出知识的本质，明晰知识的属性，由此来确定其学习的过程与方法。根据知识的不同属性可将其大致分为两大类：规律性知识与规定性知识，根据知识的属性不同，学习活动的方式也不同。所谓渗透文化，是指在学习活动过程中向学生渗透知识的文化性。学生学习知识的过程实质上是经历社会活动的过程，在这样的过程中获得多方面的经验，同时习得相关的知识。所谓实现关联是指要把学生学习的"新"内容与学生已经熟悉的内容建立联系，实现"化未知为已知"，促进学生对关联性知识的掌握。

四、变教为学的学习活动设计

变教为学倡导教师备课时以设计学习活动为主，课堂教学以学生自主学习活动的方式展开。在变教为学的课程与教学研究中，特别强调三个概念，分别是：学习目标、学习任务和学习活动。学习目标是解决"学什么"的问题，是一节课中具体可达的方向目标；"学习任务"是学习目标的具体化，教师将学习目标转化为相应的学习任务布置给学生，用于引导学生开展学习活动；学习活动就是学生为了达到学习目标而完成教师所布置的学习任务时所经历的活动。

五、变教为学的课堂组织形式

变教为学的课堂以学生的学习活动为主，但学生的学习活动需要以不同的方式组织。学习活动根据不同的组织方式可分为四种：独立思考、同伴交流、小组合作、全班展示。综上所述，变教为学的课堂是教师在充分厘清知识属性后，在"突出本质、渗透文化、实现关联"的前提下，设计学生学习活动，让学生通过借助学习活动记录单展开活动的方式进行自我学习、生生交流的课堂。

第二节　变教为学的教师角色定位

实现"变教为学"的改革，教师必须转变观念，"教"并不限于对知识的讲解，还应该包括"引导学生的学习、诊断学生的学习、帮助学生的学习、促进学生的学习、研究学生的学习"，在这个过程中逐步渗透培养学生的个性品质、社交能力及思考能力等。"变教为学"的课堂教学活动中，教师的角色可以概括为"导学、诊学、助学、促学、研学"。

一、导学者

"导学"指的是引导学生的学习，讲不得不讲的话，做学生学习航行中的灯塔和导航。导学的目的主要包括三个方面：一是"知学"，也就是要让每一位学生明白自己将要学什么和做什么；二是"愿学"，也就是设法让每一位学生具有开展学习活动的动机；三是"会学"，就是让每一位学生掌握正确的学习方式，这样的学习方式可能是自主的，也可能是合作的，不同的学生可能适合不同的学习方式。导学中的任务设计要着眼于引导学生看懂教材，引发学生思考，鼓励学生创新，为学生自主学习能力的培养奠定基础。

二、诊学者

所谓"诊学"就是诊断学生的学习。诊学的手段主要是观察，通过观察发现学生学习过程中的问题和困难。因此，课堂中的观察力是教师的基本功。对于普遍性的问题和困难需要记录下来，并思考解决的办法。这一过程实际上是"课中备课"的过程，通过对每一位学生的关注与观察，为应当"讲什么"和"对谁讲"获取信息，使得"教"的活动更有针对性。无论是在学生的独立思考环节，还是在同伴交流、小组合作环节，抑或是集体汇报展示环节，都需要教师发挥诊学作用。

三、助学者

"助学"指的是依据诊学的结果对学生的学习实施有针对性的帮助。当探究受到阻碍的时候，有的学生会自我反思、自我调整，重新选择合适的学习材料继续探究。而有的学生则会执着于当前的困惑，无法及时调整，这就需要教师依据诊学的结果对不同学生产生的不同问题或困惑实施有针对性的帮助。

四、促学者

"促学"是指当学习者游离于活动之外或者学习动力不足时，教师需要激发学生的学习内驱力，增强学生的学习动机。把学生的学习看作是"生成"的过程，鼓励学生产生自己的想法，能够自信地对自己的想法自圆其说，并且可以有理有据地清晰表达。当学生做不好的时候，教师能够适时地给予鼓励，让学生充满自尊和自信地继续学习。教师的职责不仅仅是知识的传授，更重要的是培养学生社交、思考力提升的同时，培养学生良好的个性品质，促进学生的全面发展。

五、研学者

"研学"简而言之就是"研究学习"，除了将学习者作为研究对象之外，还需要研读知识，清楚知识本身的逻辑结构，在学习者学习特征与知识内在结构间，寻找恰当的结合点，实现两者间的融会贯通。学生的未来发展目标是教学的追求，而学生的现实基础是教学的基本出发点，研究学习就是要在学生的已知和未知之间搭建一个最近发展区。

过去人们心目中的好教师应该是课堂上"能说、会讲、善演"的教师。而"变教为学"视角下的教师仅仅"能说、会讲、善演"是远远不够的，教师还要具备设计学习任务的能力，善于引导、帮助、鼓励学生学习，同时肩负着培养学生良好的个性品质、社交能力的职责。要想实现"变教为学"改革，教师是关键，所以需要教师跟上信息时代的步伐，改变传统的教学理念和方法。这看似弱化了教师的角色和地位，实则是对教师提出了更高的挑战和要求。教师要"自由、自主、自信"地开展学习活动，实现每个学生都有机会、每个学生都有活动、每个学生都能受到关注，将"育人为本"的理念落实到教学实践的方方面面。

第三节　变教为学课堂建构要求

"变教为学"指的是把以教师教的活动为主的教学，改变为以学生学的活动为主的教学。实现这种转变需要教师对学生尊重的意识和引发的艺术；需要教师营造自然的课堂氛围；需要教师的角色转换；需要教师改变备课方式。

一、尊重学生，引发思考

长期以来，"学高"和"身正"一直作为衡量"好教师"的标准。"学高"是为了"传道、授业、解惑"，在教学中把知识讲好；"身正"是为了成为学生的榜样，给学生做出良好的示范。现如今，基础教育课程改革期望并努力实现"变教为学"，也就是把"以教师教的活动为主"的课堂教学，变为"以学生学的活动为主"的课堂教学，也就是把课堂上以教师"讲授"和"示范"为主的教学活动，改变为学生自主或合作开展的"学习"活动，让学生的学习活动占据主导地位并且贯穿始终。这种教与学的易位追求的是，"让每一位学生受到关注，让每一位学生都有活动，让每一位学生都有机会，让每一位学生获得发展"。"变教为学"的教学改革，对教师的要求不再局限于把书本上的知识"讲好"，更重要的是善于"引发"学生学习，帮助学生在学习和生活过程中逐步养成良好的个人品质，形成社会能力，提升思维水平。这一过程中，不可能要求教师热爱每一个学生，但要求教师平等地关注每一个学生，平等地对待每一个学生，也就是应当尊重每一个学生。

二、营造氛围，自然生成

在以教师教的活动为主的课堂教学中，教师会逐渐养成一种类似于演员在舞台上"表演"的心理，即期望观众"专注倾听、反响热烈"。因此学生所有表现为没有"专注倾听、反响热烈"的言行都会视为是对"表演"的干扰或蔑视，或者是对"表演"效果的否定，给教师带来的是讲解的挫败感，比如讲课过程中，教师不希望看到下面学生做小动作，因为这样的小动作给教师的感觉是没有"专注倾听"，是对教师讲课的干扰甚至蔑视，直接伤及教师的自尊。因此教师就会对学生言行进行约束，这样的约束通常是以"课堂纪律"的形式出现的，而且不同的教师所规定的"课堂纪律"可能是不同的。比如：上课不许随意下座位；上课不许随便交头接耳；上课不许做小动作；上课不许睡觉；积极举手发言等。诸如此类的课堂纪律旨在约束或限制学生随意的言行，进而也就约束了学生的自由，目的是保证课堂的"秩序"。这样的秩序其实是为了教师"讲课"的顺利进行。长此以往的约束，给学生带来的是"压迫"的感觉，压迫的感觉必然会滋生"反抗"的心理。长期过度的约束还会使一些学生养成"逆来顺受"的习惯，逆来顺受实质就是"欺骗"。这样的欺骗一旦成功，还会享受到"成功"的喜悦。而这恰恰养成的是类似于"小偷"的投机心理，对学生未来的发展是极其有害的。道德品质需要养成，能力提升需要活动。养成的过程就是自悟的过程，活动的过程就是历练的过程。这就需要营造自然的氛围，这种自然的氛围指的是顺应学生学习和发展规律的氛围。

　　"自然"的第一个含义是真实，也就是不作假。在一些公开课伊始，经常会听到有教师给学生提出这样的要求："今天有其他老师听课，同学们应当把自己最好的一面展示出来。"这样的言语背后的潜台词是"应当把不好的一面隐藏起来"。这实际上是把教学过程当作"做戏"，教师是戏的"主角"，学生相当于"配角"，需要配合教师把"戏"演好。长此以往，这样的做法其实对学生的成长是有害的，学生会逐步形成"作假"的"两面派"心理，养成"欺骗"的习惯。事实上，不管有没有其他教师听课，学生的学习过程都应当是一样的，教师应当营造出的是真实的、符合教育教学规律的课堂教学氛围。"自然"的第二个含义是宽松，不让学生在学习过程中感到紧张。学生上课时的紧张心理往往源于竞争和攀比的氛围。比如"看谁做得又对又快"，这样的语言一方面是对学生学习活动的催促，另一方面是形成学生之间相互攀比的氛围。这种氛围无意之中会让学生的情绪感到紧张，情绪紧张对学生的思考是有负面影响的，对学生的学习是有害无益的。另外，这种竞争和攀比的做法在教师和学生心目中将学生区分出所谓"强者"和"弱者"，"强者"渐渐会形成蔑视弱者的心理，"弱者"渐渐可能会失去自尊和自信，也可能会对强者"羡慕、嫉妒、恨"，进而也就使得课堂氛围不和谐。"自然"的第三个含义是教学过程应当顺应学生的发展规律。以学生的表达能力为例，教师通常期望学生能够"说正确、说完整、说流利"。而事实上，学生的言语表达能力的发展不是短时间完成的，是要经过长期的培养和锻炼的。开始阶段学生做不好或者说不好是正常的现象。教师需要根据学生的特点，制订出培养计划，在教学中容忍学生的"做不好"和"说不好"，让学生逐步经历从"不好"到"好"的发展过程。作为教师的一项职责是促进学生的发展，这里"促进"的一个含义就是当学生做不好的时候，能够适时地给予鼓励，让学生充满自尊和自信地继续学习。充分体现"立德需要实践，树人需要时间"的基本观念。因此教师对学生的尊重和引发，首先应当表现为"让学生有安全感、让学生有舒适感、让学生有自尊感"，让学生逐步养成"不炫耀、不攀比、不争先"的平和心态，把对学生错误的"指责"变成"包容"，把对学生言行的"指挥"变为礼貌的"请求"，把对学生学习的"指导"变为平等的"讨论"。

三、角色转换，合理引导

"变教为学"的教学改革，期望教师在课堂教学中的角色不单纯是讲授和示范，更应当成为"导学者、诊学者、助学者"。其中"导学"指的是引导学生的学习，导学的目的主要包括三个方面：第一是"知学"，也就是要让每一位学生明白自己将要学什么和做什么；第二是"愿学"，也就是善于引发学生开展学习活动的动机；第三是"会学"，就是引发每一位学生开展自己的学习方式，这样的学习方式可能是自主的，也可能是合作的等，不同的学生可能适合不同的学习方式。

当学生的学习活动开始后，教师最重要的任务就是"诊学"和"助学"。所谓"诊学"就是诊断学生的学习，"助学"指的是依据诊学的结果对学生的学习实施有针对性的帮助。

诊学的手段主要是观察，通过观察发现学生学习过程中的问题和困难。对于普遍性的问题和困难需要记录下来，并思考解决的办法。对于个别学生的问题和困难则需要实施个别的帮助。这一过程实际上是"课中备课"的过程，通过对每一位学生的关注与观察，为应当"讲什么"和"对谁讲"获取信息，使得"教"的活动更有针对性。对教师来说，"变教为学"并不是一件容易的事情，为了实现这种转变，就需要分析可能出现的困难。"变教为学"面临的第一个困难是教师潜意识中"不讲不放心"的心理。事实上，每一名教师都希望自己能够把学生教会、教好，因此为了学生的"会"，努力地"讲好"就成为教师追求的目标。当遇到"讲了还不会"的情况时，就不遗余力地"反复讲"。如果遇到"讲了多少遍也不会"的情况时，就只能是对学生学习能力或学习态度的抱怨和指责了。事实上，任何一位教师"讲"的过程中，一定会有学生"或者没在听，或者不爱听，或者听不懂"，在这样的情况下，教师的讲就是无效的，也就是"白讲"。这种教师言语乏力的现象启示我们应当寻求"教师少说话，学生多活动"的教学方法。影响"变教为学"的第二个困难在于对教学效率的认识不够全面。在"教师少说话，学生多活动"的课堂教学中，学生的活动需要占用大量时间，而且学生通过活动所产生的多样化的结果或者想法需要时间进行展示和分享。这就使得原本一节课能够"讲完"的内容可能无法完成，给人的感觉是在确定时间内的教学内容减少了，也就是教学效率降低了。如果把教学内容仅理解为教师讲授的内容，这种效率降低的现象的确不可避免。如果把教学内容理解得宽泛一些，不仅包括教师讲授的内容，还包括学生所经历的学习活动及通过活动可能取得的收获和发展，那么就不能认为这样的教学是降低了效率。相反，学生通过活动不仅获得了知识，而且在活动中还提升了能力、积累了经验、感悟了思想等，这些都使得教学内容更加丰富，因此可以认为是提高了教学效率。实现这种高效教学的前提仍然是学习内容的确定和学习活动的设计。阻碍教师"变教为学"第三方面的困难是担心学生"做不出、做不对、做不好"，一旦出现这样的情况往往会给教师一种挫败感，使得教学陷入进退两难的尴尬境地。其实这样的担心是不必要的。相反，这恰恰应当成为培养学生多方面素质的契机。如果把"做不出"视为学生学习过程中的困难，那么"遇到困难不退缩"的精神、"辨别困难找方法"的智慧及"克服困难获成功"的体验，对学生的学习及一生的发展都是重要的。同样，如果把"做不对"和"做不好"视为错误和失败，那么让学生经历"承受错误与失败的挫折"及"对错误和失败的反思"过程，使得"失败成为成功之母"，无疑对学生的全面发展也是有益的。需要注意的是，有时出现"做不出"的情况是由于学生对学习活动的不明白或者误解，这就警示教师要在学习活动的表述方面下功夫，这种表述应当明确、具体，切忌使用诸如"自主探究……""合作交流……"这样空泛的说法，这样空泛的表述会让学生不知道自己应当做什么和怎样做。

变教为学的教学中，教师在应对学生课堂上不同于预设的"生成"时也存在困难。这样的生成主要有三种情况，第一是说错了，第二是难以辨别说对了还是说错了，第三是学生提出教师难以回答的问题。实际上出现诸如此类的情况是很正常的，应对时切忌急于指出正误、不予理睬或者立刻回答。可以采取的基本策略是"把问题还给学生"，也就是通过问题引导学生进一步的思考。无论是正确还是错误，都需要进一步思考结论背后的原因、结果、产生的方法、方法之外的其他方法及问题的来源，对应的基本句型分别为"为什么……""怎么……""还可以怎么……"及"你是怎样想到这个问题的呢"。这样做一方面可以促进学生的"高阶思考",另一方面可以让这样的思考与其他同学分享。准确的反问来源于两个方面,第一是教师对学习内容的理解和把握水平,第二是对学生说法背后想法的准确诊断,而这些都与备课中对学习内容的确定和学习活动的设计有关。

四、深度备课,全面发展

所谓"备课",简单说就是对"上课"的准备过程,这种准备的过程应当是教师主动思考和学习的过程,是脑力劳动,而不是体力劳动。在与教师共同备课的时候,发现对备课的认识存在着误解。

第一个误解是把"写教案"等同于"备课"。有学校把定期检查教师的教案作为管理教学质量的手段,认为教案的质量等同于教学质量,导致一些教师养成了为应付检查而写教案的习惯,使得备课成为被动的"抄写"活动,失去了主动的思考和学习,备课并没有成为上课的准备,而成为"不得已而为之"的负担。备课没有成为主动的脑力劳动,而成为被动的体力劳动。事实上,教案就是对课堂教学的一个计划和安排,应当是对备课中思考和学习的一个记录。这个记录可以写出来,也可以不写出来;可以写得很详细,也可以写得简略些。教案是为教师自身教学所使用的,因此写出来还是不写出来、写得详细还是粗略,应当由教师依据自身情况和需要自由决定,而不应当按照某一种模式硬性地统一要求。备课的质量是由教师主动"思考和学习"的质量决定的,而不是由写不写教案或者教案写成什么样子决定的。备课的水平决定了教学质量,而教学质量最终是靠培养出来的学生的质量来检验的。因此试图通过检查教案的方式检验教师的教学质量,显然是不妥的。

第二个误解是备课内容追求全面,其结果是备课中需要思考的内容变得"复杂化"和"形式化"。比如要求书写格式必须包括"课题名称、教学目标、重点难点、教学过程、板书设计"等,其中"教学目标"必须包括所谓的"三维目标"等。一些地区开展的说课比赛中,组织者更是规定了"八股文"式的模板，说课内容要包括"指导思想与理论依据，教材分析与学情分析，教学目标与重点难点，教学流程与教具学具，教学评价与方式方法，教学特色与教学反思"，其中的"教材分析"必须包括多个版本教科书的对比分析，"学情分析"必须通过所谓"前测"来进行。试想在日常教学中，教师准备 40 分钟的一节课，怎么可能去认真思考如此烦琐的内容？在这样的模板下，教师的备课不是独立地思考和学习，而是在揣摩"检查者"或"评委"想法的基础上的"东抄西抄"，当然也就谈不上发挥教师的主动性和创造性了。这种追求全面的备课要求实质上是"把简单问题复杂化"，使人无法聚焦重点，自然就不能使得思考深入，只能是"用华丽的词汇掩盖空虚的内容"。

第三个误解是备课中的思维方式模式化。在不同地区、不同学校经常听到一些模式化的说法。比如："必须要有生活情境，必须要有直观模型"等。无论是"生活情境"还是"直观模型"，都属于教学的方法与手段，方法与手段是为内容和目的服务的。不同的内容和目的所适用的方法和手段可能是不同的。第四个误解是只关注教学内容，而忽视课堂组织形式的设计。什么样的任务适合独立思考，什么样的任务适合同伴交流，什么样的任务适合小组合作，每一个学习任务需要安排多少时间，完成任务后应当如何组织汇报，学生汇报过程中如何组织其他学生的倾听与交流……这些问题其实都是需要在备课过程中认真思考并有所安排的。

综上，备课作为教师上课前的准备活动，应当是一个个性化的活动，并没有统一的模式。备课永远不会有最好的模式，每一位教师都可以创造出最适合自己及自己学生的备课方式。从某种意义上说，这也是"教无定法"的一种体现。备课中需要着重思考的核心问题应当包括如何让课程内容呈现出"突出本质、渗透文化、实现关联"，以及如何让每位学生在学习过程中"受到关注、都有活动、都有机会"。《礼记·学记》中有这样的记载："君子既知教之所由兴，又知教之所由废，然后可以为人师也。故君子之教，喻也。道而弗牵，强而弗抑，开而弗达。道而弗牵则和，强而弗抑则易，开而弗达则思。和易以思，可谓善喻矣"。大意是说好的教法应当包括三个方面，第一是"引导而不替代和约束，给学生充分的自由，就会师生关系和谐"；第二是"让学生越来越强，乃至强过自己，而不要抑制，这样就可以师生双方教学相长"；第三是"让学生打开思路而不要急于告知结果，这样就能使人不断思考"。做到了这样的三方面，就是君子之教的"善喻"了。

第五篇

新时代校长的自我修养

校长是一所学校发展的掌舵者，是学校文化的塑造者，校长修养水平的高低在很大程度上影响着一所学校的发展前景。校长的工作对象不同于一般的社会人，而是教书育人的教师和尚未精工雕刻加工的青少年。校长要带领教师将学生教育成才，就必须有为长的专长，施长之方略，方能做得校长。作为新时期的校长，应具备良好的党性爱国修养、综合文化修养，以及学校管理修养。只有政治素质过硬、道德素质高尚、文化素质丰富、管理素质科学，且同时具有良好的身体心理素质，才能够真正成为一名具有良好自我修养的新时期的优秀校长。

第十三章

党性修养

　　党性修养也称党性锻炼，是党员的自我教育、自我改造、自我完善；是对共产党的本质属性的内化，是党员在改造客观世界中自觉运用党性原则规范自己的行为，克服和抵制各种错误思想，不断改造主观世界，不断开创实践和认识新境界的过程；是党员自强和自律的统一。党性修养包括马克思主义的理论修养、政治修养、思想道德修养、业务修养等。

第一节　党性修养的培养

　　党性锻炼和党性修养具有鲜明的时代特点，在不同的历史时期，面对不同的形势和任务，其侧重点会有所不同。一位好校长就是一所好学校，校长的思想、修养决定了一所学校的发展高度，新时期校长必须加强党性修养，用人格、魅力带好队伍，办好学校。

一、加强学习，树立终身学习的理念

（一）加强政治理论学习，不断提高理念素养

　　加强党性修养，必须把学习放在突出位置，通过学习不断提高自己。政治理论学习是党员增强理论素养、坚定党性信念的重要途径，是做好各项工作的重要基础和前提。对于党员来说，学习就是必须承担的责任使命。校长，作为一名党员，不仅要加强学习，抓好学习，而且要带头学习，做勤奋好学、学以致用的表率，通过不断学习，提高自身的理论水平和工作能力。在学习中，校长要进一步端正学习态度，不断探索学习方法，认真学习党的理论创新的最

新成果。首先，校长要努力拓宽知识面，更新知识结构，不断用科学理论和先进知识武装头脑，最大限度地把理论与实践紧密结合起来，用正确的理论来指导工作，不断增强工作的原则性、实效性、系统性、前瞻性和创造性。其次，要加强业务学习，提高专业知识水平。现代科学技术日新月异，社会实践知识丰富多彩，教育理念不断更新，不仅需要校长有一颗进取心，更需要校长有渊博的专业知识，做到一专多能，多才多艺，不仅能传道、授业、解惑，更会启迪、开发、创新。校长只有不断地学习才能适应时代的要求，适应教育新形势的需要。

作为共产党员，校长必须认真学习马克思列宁主义、毛泽东思想、邓小平理论、"三个代表"重要思想、科学发展观、习近平新时代中国特色社会主义思想，树立科学的世界观、人生观和价值观。坚定对社会主义的信念，坚定对改革开放的信心。掌握科学的认识论和方法论，正确认识评价客观事物。不断提高政治鉴别力和敏锐性，立场坚定，坚持原则，做一个政治坚定、目光远大、头脑清醒的高素质的共产党员。

（二）磨砺自己，在党内生活中培养坚强的党性

在新的历史条件下，要做一名合格的党员，不断增强党性修养，离不开健全的党内生活，离不开党组织和同志们的帮助。校长要加强修养，增强党性，从而树立正确的世界观和人生观，坚持全心全意为人民服务的宗旨，要做到严格要求自己、严于解剖自己，要用党性信念来激励自己，要用党性原则对照自己，用党纪国法规范自己，永葆共产党员的先进性。

二、狠抓组织建设，努力提升党建水平

（一）建章立制，成立组织机构

一是加强班子建设，把支部班子建设、"三会一课"、党员教育管理、组织发展工作、思想政治工作、交纳党费、党建园地等内容列入党建目标管理，推动党员教育、管理和监督工作的落实，促进党员在本职岗位上自觉发挥先锋模范作用。二是学校成立以支部书记为组长的建设领导小组，成员之间分工合作，成立精神文明建设工作领导小组、党风廉政建设小组、宣传工作领导小组

及财经工作小组，确保党组织的领导地位。

（二）狠抓党员思想建设

主要通过加强党员理论学习，用科学理论武装头脑，组织全体教职工和党员深入学习党的十九届六中全会精神、习近平总书记系列讲话精神，学习《中国共产党廉洁自律准则》《党政领导干部选拔任用工作责任追究办法（试行）》等一系列加强党风廉政建设的规章制度。支部做好学习计划安排，明确学习要求，确定重点题目，坚持集中学习与个人自学、通读文件与专题研讨相结合，每月安排固定的时间学习，并集中组织学习研讨，不定期地召开学习研讨会，做好学习笔记，把政治理论学习落到实处。

（三）切实开展主题教育活动

党支部根据上级方案，制定切合学校实际的主题教育方案，扎实开展"不忘初心、牢记使命""党史故事我来讲""讲党史故事、当红色传人"等主题教育活动。每月组织全校教职工收看先进人物的宣传片，对照党章党规，对照先进典型、身边榜样，找差距、摆问题，使教职工坚定对马克思主义的信仰、对中国特色社会主义的信念；组织全体党员到红色根据地进行革命传统教育，党员同志重温入党誓词、重问入党初心；召开专题民主生活会、组织生活会，开展批评和自我批评。

加强党性修养贵在自觉，必须要身体力行、持之以恒。党性修养首先是一个自我教育、自我约束、自我改造的过程，既不会一蹴而就，更不能一劳永逸。校长要做一个讲党性的党员干部，在其位、谋其政、尽其责。碰到问题就去解决，遇到困难迎难而上，增强工作的责任感与使命感及社会责任心，增强党性修养，做一个讲党性的党员干部。

三、勇于创新，不断提高教育教学水平

要通过刻苦钻研、努力探索，不断提高业务水平和教研能力，要使学生能够将书本知识与实际应用有机地结合起来，进而创造性地分析和解决问题，校长必须在理论联系实际方面进行深入研究和探讨，用自己的研究成果来激发学生的学习热情，不断提高学生独立思考和解决问题的能力，为学生今后创

造性地进行学习工作奠定坚实的基础。党员教师还必须把教学内容的探讨和教学方法的研究结合起来。结合学生的特点创造出灵活多样的教学风格和教学方法，尽力做到条理清晰、逻辑性强、深入浅出、理论联系实际，从而将抽象的理论具体化、条理化，将枯燥无味的原理用生动形象的语言表达出来，充分调动学生的学习热情，使学生能轻装上阵，积极主动投入学习，从学习中找到乐趣，从知识中得到力量。党员教师必须要实现业务水平一流的目标，用自己的知识、智慧、人格魅力去影响学生。

要保持共产党员的先进性，首先要不断加强科学文化、业务知识的学习，加强对新知识、新技能、新规则的学习，把知识更新、大脑"充电"当作第一要务，做一个"学习型"的校长。作为一名学校管理者，校长一定要树立"以学生发展为本"的教育理念，全面实施新课程标准，把"一切为了学生，为了一切的学生，为了学生的一切"作为办学的目标，在队伍建设、教育教学管理、学科教学等多个层面上都围绕着这个中心工作开展活动。

新时期要求党员，尤其是党员校长，要增强服务意识，不断改进工作，不但要有全新的教育思想，更需要在具体的教育领域中大胆参与实践，用行动来体现先进性。要对学校的整体发展做出战略性的调整和规划；与此同时，要把提高教师的素质作为提高教育质量的突破口，切实抓好校本培训，建设一支有理想信念、道德情操、扎实学识、仁爱之心的教师队伍；要建立较为科学的学生评价体系，以此作为导向，使学生全面发展，主动发展，为社会培养有用人才。

第二节　政治素养的培养

苏霍姆林斯基说过：校长对学校的领导，首先是教育思想的领导，其次才是行政领导。这就是说校长对学校的办学方向，对学生的发展目标，对校风、教风、学风的形成，具有决定性的作用。校长的政治素质首先表现为坚定的政治立场，在政治上与党中央保持一致，能深入领会党和国家的路线、方针、政策，坚定不移地贯彻执行党的教育方针政策，执教为民，敢于并善于抵制各种形式的不正之风。

一、正确严明的政治方向

校长要有坚定的政治方向、敏锐的政治觉悟、严明的组织纪律、崇高的道德品质，摆正自己的位置，认真履行校长职责，努力实现学校的工作目标。校长是整个学校的灵魂，他的道德素质对师生具有深刻的影响和示范作用，他必须通过以身作则的榜样作用，去影响、带动和领导学校的全部教育教学活动。校长的道德素质具体表现为忠诚于党的教育事业，乐于为教育事业贡献力量，尽职尽责，乐于奉献，有高度的责任心和使命感。

作为一名优秀的校长，他必须辩证地看待学校的人和事，勤奋工作，坦率正直，广开思路。校长对学校教育管理工作的热爱，是做好管理工作的基础，要想最大程度地提高工作效率，就要全身心用在工作上。献身意识是校长工作的原动力，是激发校长工作潜能的最大催化剂。校长要有忠于职守、艰苦奋斗的敬业精神，秉公执法、敢于碰硬的无畏精神，大公无私、廉洁勤政的奉精神，克服惰性、不断创新的开拓精神。校长道德素质的提高，自然使其人格感召力相应得到提高，这有利于在学校营造具有强烈责任感和使命感的教育群体，而这种群体的存在，将成为一所学校成功的最为重要的保障。

二、坚定深刻的政治信念

校长是教育教学活动的组织者和带头者，是贯彻党的教育方针政策的领航者。校长应该具有扎实的理论水平和较高的政策水平，坚持全面发展的方针，面向全体学生，全面提高学生素质。一方面，校长要忠诚于党和人民的教育事业，全身心地投入教育，如同陶行知那样捧着一颗心来，不带半根草去，一心为公，廉洁自律，讲真理，明是非，努力把自己锻炼成为具有崇高理想和高尚的道德情操的楷模，带领全校师生沿着正确道路前进；另一方面，能根据党和国家教育方针和教育要面向现代化、面向世界、面向未来的要求，坚定社会主义办学方向，要不折不扣地认真贯彻执行党的各项方针政策。

　　校长必须坚持正确的政治方向、政治立场、政治观点，要坚持党性原则，要把政治纪律和政治规矩挺在前面，始终做政治上的明白人。在具体办学过程中必须坚持党的领导，贯彻落实好党和国家的教育方针政策。要不断加强党性修养，坚定理想信念，牢固树立正确的世界观、人生观、价值观、权力观、利益观，对党忠诚，作风正派。要充分认识到加强党建对于全面贯彻党的教育方针、保证社会主义办学方向、落实立德树人根本任务、办好人民满意教育的重要意义。要牢固树立党建思维，善于从党建角度想问题、做决策、办事情。

三、坚持正确的办学思想

　　校长必须坚持"为党育人、为国育才"的正确方向。校长要充分认识到端正办学思想是办好学校的前提和基础。正确、鲜明的教育理念和教育思想是现代化学校的精神内核，是引导学校个性化发展的旗帜。如果一所学校失去了这面旗帜，学校只会急功近利地去应付日常的事务，不可能培养出适应现代化建设需要的全面发展的合格人才。只有端正了办学思想，才能规范办学行为，全面实施素质教育，提高教育教学质量。校长还要注意引导全校师生端正教育思想，使大家自觉贯彻教育方针，做到"五育并举"，积极探索"五育融合"，尽最大努力把全体学生培养成为四有新人。

　　教育的根本任务在于育人，所以校长要站在人性的高度审视教育，要根除教育的物化和奴化，张扬教育的人性，要认识到学生是发展中的人，是具有发展潜能和遵循发展规律的人，是具有独特个性和独立意义的人，而不是谁的附属或工具。

　　校长要具有更高的教育追求，要时刻反思真正的教育是什么——是人性的事业还是达成目的的工具？是启蒙、激励还是说教、灌输？是培养幸福的合格公民还是了不起的得分机器？是造就多姿多彩的个体还是整齐划一的好孩子？对这些问题反思的结果将直接影响学校的发展和师生的校园生活。

　　校长一定要认识到课程是学校教育的核心，要树立课程意识，开齐开足开好国家课程，要从注重教学方式的变革转向更加注重课程的变革。课程建设要坚持学生立场，关注学生差异，尊重每一位学生的个性需求，坚持学生成长是衡量课程价值的唯一标准。

校长一定要有更高的价值意识水平，一定要认清所肩负的社会责任，要以敬畏之心对待教育和学生，将教育工作当成一份最高荣誉、最大善举和不能失败的伟大事业，将这份事业融入自己的生命。

四、与时俱进的创新精神

现代教育的学习观、人才观、成才观已经发生了重大变化。立足于人的个性发展、全面发展、终身发展，最大限度地开发受教育者的创新潜能。校长应当熟悉创新的理论和方法，以创新为专长。他不以教师和学生的健康透支为代价，用大运动量训练的方法换取考试的高分，却总能在世俗的、传统的旧轨道中辟出蹊径，让学生全面发展，提高分析和应用能力。校长要充分认识到改到深处是机制改革没有旁观者，改革需要每一个人的参与，改革需要关注到每一个个体。要树立问题意识，认识到问题就是机会，坚信成功的秘诀就是不断发现问题和解决问题，同时问题又不重复，而且越来越少。要坚持以理念创新带动思路创新，以机制创新推动工作规范，以方法创新提高工作水平，不断进行实践创新、制度创新和思想创新，使改革创新成为一种自觉的思维理念、行为方式和目标追求。要善于结合实际深入调查研究，找准改革创新的切入点，要坚持求真务实的态度，有什么问题就解决什么问题，什么问题突出就重点解决什么问题，用深化改革的办法去解决改革中出现的问题，用创新的精神去拓展新的工作领域。

校长要开创学校教育工作的新局面，必须摆脱因循守旧的保守思想和传统教育思想束缚，大胆地对学校各项工作进行改革。促进社会可持续发展是21世纪的时代主题，要发展就必须要创新。发展是现代学校的根本特点，创新则是现代校长的典型特征。永往直前的创新精神和创新能力是校长领导学校求生存、谋发展的必备精神品质，校长应当具有坚定的自信心，创造性的知识结构，创造性的思维方式和创造性的能力。校长要带动教师创新，要努力培养学生的创新意识，使学校充满生机和活力。只有不断创新，不断提出学校新的奋斗目标，才能鼓舞全校师生勤奋向上，开拓进取，使学校保持欣欣向荣的活力；只有不断创新，经常提出富有挑战性的任务，才能冲破因循守旧观念和习惯思维方式，使学校办出特色。

五、服务政治的奉献精神

校长领导学校工作，要少讲空话，多办实事，以高度的责任感对待自己的地位和权力，对待师生、家长的需要和利益。校长要有献身后代甘为人梯的奉献精神，有勇攀高峰绝无满足的开拓进取精神；严于律己，宽以待人，做到对反对自己的人要热情，对犯过错的人要关心，对过头的批评要谅解，对不切实的责难要容忍。要对事业无比热爱，对工作极端负责，对同志关怀备至，在校园中营造和谐、宽松、团结的氛围，真正做到敬业、乐业，全心全意地为教育事业奉献终身。

校长肩负着传播人类文化、启迪人类智慧、开发人才资源、塑造人类灵魂的神圣使命，任重而道远。校长的角色应该是有知识，业务强；心胸开阔、正直大方，为人师表，敬业爱生；富有同情心和责任感等，这也代表了学生家长和社会对教育和校长的基本要求。一个好校长除了业务精湛、学识渊博外，更主要的是具有高尚的师德，具有打动人心、影响学生一生的道德魅力。没有政治视野，是不可能真正理解校长的历史责任，完成校长的历史使命的。价值观是个人对周围的客观事物（包括人、事、物）的意义、重要性的总评价和总看法。一方面表现为价值取向、价值追求，凝结为一定的价值目标；另一方面表现为价值尺度和准则，成为人们判断价值事物有无价值及价值大小的评价标准。事业观是工作观和政绩观的先导，引领着工作的方向和政绩的导向。事业观的核心，在于明了何为事业，为谁干事。一个领导者的事业观往往决定着一个地方、一个单位的发展，决定着党的事业和群众的切身利益。领导者树立正确的事业观，就要始终高举中国特色社会主义伟大旗帜，坚定不移地发展中国特色社会主义事业，在全心全意为人民服务中永葆共产党人的政治本色。要做到廉洁从政，做政治上的明白人、经济上的清白人、作风上的正派人。

六、坚持正确的政治取向

所有的教育都是对人的教育。人，永远是教育的起点和归宿，一切国家和民族的教育，都应以人为中心，并以培养和塑造人的个体人格、个性、思维、能力和创新性生存品格为最高目标，以全面解放和全面开发人的潜能、意志、情感和创生力量为中心任务。教育最实在的政治内容，应该是关于健全、健康、灵性、智慧、创新的人的政治。

教育必须为人服务，必须在教学实践过程中贯穿觉悟人性、确立和提升人的信仰、增益人的健康人格、心灵、情感等教育内容，这是教育的基础政治价值取向。教育必须为公民服务，必须在教育教学实践中始终贯穿、体现和弘扬公民精神、公民权利、公民利益、公民尊严，这是教育中的基本政治价值取向。教育必须为国家服务，必须通过对人的全面培养而贯穿国家意志、国家利益、国家尊严、国家荣誉，这是教育中的首要政治价值取向。教育必须为民族服务，为民族的独立、繁荣、昌盛服务，必须在教育教学行为过程中贯穿、维护、弘扬民族个性、民族人格、民族尊严、民族精神和民族信仰，这是教育的主导性政治价值取向。教育还必须肩负起为人类服务的责任，必须为人类共同生存、普遍发展、和平生活服务，必须在教育教学行为中始终贯穿人类大家庭意识和人类整体生态情感，培养人类与自然、人类与地球生物物种、人类与宇宙、人类整体与各部分（比如国家、集团、阶级）之间的互动精神、互爱精神、互助精神、合作精神，这应该是教育实践中的终极政治价值取向。

政治理论素养是校长专业素质的灵魂。孔子说：其身正，不令则行，其身不正，虽令不从。校长的一举一动、一言一行无时不在熏陶、影响着全体教师，甚至学生。校长先进的教育思想对学校的办学理念和办学行为有着积极的影响。校长具有了较高的理论素养，才能掌握有关的教育政策法规，切实做到依法治校，使教育走上法治化的轨道；校长具有了较高的理论素养，才能了解教育的新动向，具备现代教育思想和教育观念，树立全面的人才观，新颖的学生观，科学的评价观，全面提高教育质量，实现以培养能力、发展个性为特征的素质教育目标。努力使学生得到全面发展，为社会培养合格的创新型人才；

校长具有了较高的理论素养，才能以身作则，一心为公。校长是学校工作的引领者和决策者，在各项工作中必须充分发挥自己的先锋模范作用，做到正人先正己、身体力行、为人表率。以自己的模范行动去影响师生，寓教于自己的行动之中，形成引领者的感召力和影响力。

第三节　道德素养的培养

校长是党和国家教育方针政策的执行者，是学校的设计师、组织者和领导者，在学校、国家和社会中都有其重要的地位。我国著名教育家陶行知先生说过：校长是一个学校的灵魂。校长的素质体现着校风校貌，决定着办学水平。校长不仅要具备较高的专业水平和较强的业务能力，更应该具有良好的道德水平，对全体教师以感染和熏陶，从而赢得广大师生和家长的信任、理解与支持，使管理收到预期的效果。

一、校长道德素养的体现

（一）自我规范与约束

率先垂范，以身作则。校长的一言一行，举手投足，都可能受到广大师生的关注、效仿，因而，校长应率先遵守学校的各项规章制度，勇挑重担，奉公克私，严格要求自己，应时时、事事、处处发挥模范带头作用。身教胜于言教，与其喋喋不休地要求、说教、批评，不如从自身做起，以自己的实际行动，感染带动身边的教师，积极投身到教育教学工作中去。

克己奉公，两袖清风。有人把学校称作清水衙门，我认为，所谓清水衙门，是指学校不受社会不良风气的影响，是一个清静、纯洁的天地。为此，校长应尽力维护这座圣洁的殿堂，管住自己的手和脚，公私分明，无私奉献。捧着一颗心来，不带半根草去，用整个心去做整个校长。一个正直、无私、乐于奉献的校长，也一定会得到广大师生的拥护和爱戴，自觉抵制社会不良风气的侵蚀，更重要的是，给学生以潜移默化的影响，收到事半功倍的效果。

公正无私，光明磊落。教师勤奋工作，默默奉献，无非是想得到学校、家庭、社会的肯定与认可。因此校长对教师的评价，一定要做到客观公正，以理以德服人，处理日常事务，力求公道。不以亲疏论贵贱，不以好恶评优劣，不以点带面，不单纯以学生成绩定成败。校长应搜集多方面信息，经过筛选综合，对教师进行全面公正的评价。及时发现教师的闪光点，多激励，少贬低；多褒扬，少批评。其实教师和学生一样，同样想得到别人的赞美与肯定，对其工作的肯定，能从思想上产生成就感，对工作能起到催化作用，从而从思想上调动其工作积极性，激发工作热情。对教师的鼓励，不一定要付诸物质和金钱，或许是一句赞许的话，一个赞赏的眼神，教师都能得到心灵的满足，产生强大的工作动力。

（二）道德管理与融合

发扬民主，形成合力。学校管理纷繁复杂，仅凭校长一人，面对成百上千名师生，也只能望洋兴叹，孤掌难鸣。因而，要使学校的工作开展得有条不紊，井然有序，就必须发挥团体作用，形成工作合力。这就要求校长在工作中必须充分发扬民主，倾听各方面意见，为自己决策提供依据。倾听班子成员的意见，倾听师生的呼声。兼听则明，只有从群众中来的意见，才能贯彻到群众中去。也只有广泛听取群众意见，才能减少工作中的摩擦，才能形成凝聚力，心往一处想，劲往一处使。反之，那种封建家长式的管理方式，一言堂的工作作风，只能使自己陷入孤家寡人的境地。

知人善任，宽以待人。不同教师的知识层次、个性特征、兴趣爱好等之间存在较大的差异性，因而校长在管理教师中，应善于做一个有心人，具有识才、用才、爱才之智，把他们安排到最适合发挥作用的岗位上，做到用人不疑，疑人不用，让他们尽情施展自己的才能，发光发热，激发其进取心和事业心，引领和带动学校整体工作的稳步推进。事实证明，能做到人尽其才，是校长最基本的管理能力。与此同时，每个人不同程度都存在缺点与不足，金无足赤，人无完人，校长应以海纳百川的胸襟和气度正确对待，不能以点带面，将小错误扩大化，将简单问题复杂化，尽可能采取教师乐于接受的方式，或暗示，或谈心，只要能解决问题，大可不必大会小会讲，时时处处说。那种为鸡毛蒜皮之类小事唠唠叨叨，抓小辫子、婆婆式的管理方法，久而久之，会在教师内心产生厌烦和逆反心理，并将自己的不满情绪带到工作中，因小失大，影响学校整体工作。

以诚待人，以心换心。学校工作千头万绪，离不开全体教师的密切协作，为了保证各项工作的有效开展，校长要处理好与同事们之间的关系，这就要求校长给自己有一个准确的定位：是高高在上，还是和同事们打成一片？为了学校的发展，为了教育的发展，首先校长要和同事们平等相处，从工作中品尝甘甜。校长首先要充分尊重、理解、信任教师，以诚相待，善于同教师接触和交流思想，积极参与师生的各种活动，做同事的知心朋友。其次，校长应急师生之所急，想师生之所想，主动帮助其解决工作和生活上的困难，取得师生的信赖，使他们有话想找校长谈，有事想找校长说。同师生之间的交流，不仅能了解到他们的心声，还能发现工作中存在的问题与不足，一举数得，何乐而不为？校长的真诚、友好必然换来教师的良好回报，积极投入到工作中去，并能使学校集体友好相处，处于良好的运行状态。

二、校长道德素养的认知

（一）校长本人的道德特征

新时代的校长，不仅需要自身具备良好的道德素养，能够在复杂的利益冲突和矛盾斗争中做出正确的道德判断，而且还需要在道德判断和道德行为之间表现出更高程度的一致性，成为整个人群的道德典范和行为标杆。

萨乔万尼在论及校长的领导角色转换时提出，有价值的领导，最终还是那种以不同方式触动人们的领导：开掘他们的情感，呼唤他们的价值观念，回应他们连接他人的需要。他认为这是一种以道德为基础的领导。人的情感需要情感去开掘，价值观念需要价值观念去唤醒，道德行为需要道德行为去感染。而具备道德素质或品质的校长，已经不仅仅是职务意义上的校长和工具意义上的校长。

（二）校长办学的道德特征

校长为学校所确立和描绘的共同愿景，其中包含或体现了不同的价值观念体系。这个价值观念体系，一方面是校长道德价值观的贯彻与落实，另一方面也体现了一所学校的组织伦理气氛。如果校长的道德价值观与学校的组织伦理价值观是一致的，那么这个价值观就比较容易取得学校教职员工的高度认同与积极追求，校长对于学校成员的影响就比较容易取得实效，并且长久保持。

如果校长为学校发展所确立的共同愿景，符合大多数人心目中的道德价值标准，那么就能够自然而然转化为群体中大多数人内心的愿景，并继而转变为实践中的强大力量和自觉的行为追求。一个只能被校长个人宠爱却无法走进每个人内心的愿景必定是孤独的、寂寞的、遭受遗弃而不被青睐的。

（三）校长决策的道德特征

校长的决策方式的道德特征，也就是校长在学校管理中进行决策时的合道德性，或者叫道德决策。学校管理中各项结果的产生都是由决策产生的。学校中的道德行为或者不道德行为的产生也与各种符合道德的决策或者违背道德的决策有着密不可分的关系。

决策是否道德一方面指的是决策结果，也就是学校管理中所形成的政策、制度、意见、办法等是否道德；另一方面指的是决策过程，也就是形成和产生政策、制度、意见、办法等的程序是否道德。只有决策方案和决策过程都符合道德标准的学校管理决策，才是道德的学校管理应有的实践形态，才是伦理型校长应当贯彻实施的决策行为。

（四）校长行为的道德特征

学高为师，身正为范。校长，师者之师，人之模范，校长不仅是一名教师，他还具有领导教师、管理教师、组织教师的职责。从微观上讲，校长的道德修养高低决定了个人品格的高低，直接影响着教师的道德水平，潜移默化地影响着学生的道德养成和品德塑造，影响着学校人才的培养质量。从宏观上讲，这直接关系到祖国未来的人才需求，关乎中华民族的伟大复兴。为此，校长在日常教学领导过程中，必须以更高尚的道德境界要求自我，以更严格的道德标尺衡量自我。力争做到以德聚人、以德感人、以德影响人、以德激励人。第一，必须具有高尚的道德风范。必须唤醒追随者的公正、义务、友善等观念，它们是追随者行动和工作的动机。在纷繁复杂的社会环境面前，始终坚守公平和正义，以陶行知先生捧着一颗心来，不带半根草去的座右铭作为行动指南。第二，必须具有先师生之忧而忧，后师生之乐而乐的博大胸怀。以先师生之忧的情怀考虑问题，以后师生之乐的境界享受劳动成果，乐于奉献，先人后己，积极奉行集体主义价值观。第三，必须严于律己，严于自我约束。在当前社会转型和价值观多元并存的情况下，校长必须甄别出正确的价值观并以身示范，慎独而甘于奉献，吾日三省吾身，自觉进行自我行为约束，自觉遵守师德规范。正如德国古典哲学家康德所说的：道德之第一目的，在养成品格。品格之养成，端在行为悉本诸道德律。

三、校长个体行为道德素质

（一）大公无私，以身作则

校长不以教谋私、不占学校任何便宜，也不允许别人损公利己，如此身体力行，就可使教师产生敬重的信赖感，从而乐意效法。俗话说：喊破嗓子不如做出样子。要求教师、学生做到的，首先校长自己要做到；要求教师、学生不做的，校长自己首先不做。

（二）谦让容人，和谐环境

作为校长，听不得不同意见，老虎屁股摸不得，必然导致独断专行，群众对你敬而远之、畏而远之，甚至避而远之。部下万马齐喑，鸦雀无声时，也就是领导者失误之时，绝不能嫉贤妒能，求贤爱才是领导者应具备的基本品质。

作为校长，应多承担责任，严于律己，宽以待人，敢于认错，多做自我批评，不文过饰非，这是领导者的起码品德，否则一定会使学校人人谨小慎微。如果下属老担心被穿小鞋，那怎么能把积极性和创造性最大限度地发挥出来呢？久之，恐惧症就会在学校蔓延，校长必然失去领导的权威，失去和谐的环境。

（三）虚心纳谏，顽强自制

兼听则明，偏听则暗。校长要虚心学习，善于听取意见，用人之长，容人之短。要控制自己的感情，用理智战胜鲁莽。那种听风是雨、一触即发的不冷静思考的处事做法，只能把事情越办越糟。听到刺耳的、挑衅的话，就火冒三丈，大发雷霆，会使自己陷于困境。戴高乐说：没有什么比沉默更能增加权威了。这教诲我们遇事要顽强自制，冷静沉着，才能把事情办好，才能把学校治理好。

（四）服务学生，服务教师

教育应为学生的终身发展服务。如果我们的学校没有很强的服务意识，那么学校今后的生存就会遇到很大的挑战。作为校长来说，在服务中还必须明确为教师服务，而不是让教师为自己服务。同时，校长应该有为学校长期发展服务的意识。因为任何校长，你任期再长，你也是学校发展中的沧海一粟。理想的校长应该把学校的发展视同自己的眼睛一样。

第十四章

文化修养

　　校长应是教师的教师。具有广阔的知识范围和良好的知识结构的校长，才能在学校营造一种积极向上、健康人文的氛围，张扬一种振奋人心、与时俱进、自强不息、追求卓越的精神。校长具有深厚的文化素养，才能实施学校的科学管理。作为校长不仅要具备很好的学校管理知识，还应具备全面的科学文化知识，做一个博学多才的校长，才能在师生中树立起很高的威信，发挥自己的影响力；校长具有深厚的文化素养，才能有效地指导教学。校长要具有良好的口头表达能力和书面表达能力，这样才能有效地指导学校工作，不断提升学校管理水平，同时树立校长的良好形象。

第一节　文化素养的培养

　　学校是个学习的环境，良好的人文环境、校园文化环境不仅会对学生的终身发展产生长远作用，甚至对教师的发展也会产生巨大的影响。作为一校之长，必须具备全面系统的管理学校的知识，能科学管理学校，有驾驭全局的能力，才能充分调动领导班子及教职工的积极性；校长具有深厚的文化素养，才能在学校树立威信、发挥影响力。

一、校长文化素养的组成

（一）学术素养

　　苏霍姆林斯基说过：如果你想成为一个好校长，那你首先就得努力成为一个好教师，一个好的教学专家和好的教育者。校长作为教师的教师，其专业知识与学术修养对教师的影响是不可估量的。一个具有专业知识的内行校长，在行政权力上就比不具备专业知识的校长有更大的影响力，使人对他产生信赖感。校长要通过不断学习，吸收和了解新的教学理论，积极探索新的教育教学方法，丰富自己的教学知识和教育认知，努力成为适应社会发展的教育专家。只有这样，才能将最先进的教学理念、最前沿的教育信息传递给教师；校长要深入专业研究教学，通过不断的研究和实践，丰富自己的教学阅历，提升自身的教学专业素养，努力成为本学科的专家。只有这样，校长才有领导教学实践的发言权，才能帮助和支持教师改进教学方法，提升教育教学能力，才能正确引领学校教学的方向和思想。试想，一名既不上课也不听课的校长，拿什么指导一线教师的课堂教学，又拿什么来研究教学、管理教学，领导教学。所以，校长的教学领导力从某种角度来说，是校长具体教学领导的体现，也是一种教学态度领导的体现。

（二）业务素养

校长职业不同于其他管理工作，它的专业要求高、业务范围广、技术性能强，可以说校长的教学业务修养是校长职业有别于其他管理工作的根本区别。这里所说的教学业务修养主要是指校长的教育实践修养、校长的教学实践修养和校长的管理实践修养。教育实践修养要求校长要懂得和善于运用教育规律，站在全员育人、处处皆教育的高度审视学校的教育工作；教学实践修养要求校长根据学校的教学实际，以新课程理念引领学校的改革发展。校长不一定要给学生上课，但要具备教学知识指导教师的课堂教学；管理实践修养要求校长善于总结成功的管理经验，善于发掘现实中先进性的管理智慧，从而形成自己的管理实践知识。校长的教学业务修养是校长在教育教学活动方面的领导性、学术性、专业性的综合体现，校长如果仅是领导能力强，就突出不了学校教育的特殊性与复杂性；如果仅是学术水平高，就难以在学校发展谋划上高瞻远瞩谋远虑。因此他必须是教学领导才能与学术专业造诣比翼双飞并驾齐驱。

校长要领导好教育教学工作，首先自己必须是一个知识广博而又有专长的人才，在教师中起骨干作用，懂得教育教学规律，具备前沿的教育理念和教育思想，具有扎实的课堂教学技能，同时应熟悉各方面的教学工作，深入课堂教学第一线，熟练掌握教学的第一手材料，坚持和师生共同研究教育教学问题。如不加倍努力，掌握新信息、新理论、新知识，思想就会僵化，故步自封，就难以深化教育改革，就难以把学校工作不断推向前进。

校长还应是教育科研的行家里手，应具备良好的科研意识、科研能力和对学校科研的管理水平并能把自己的科研意识渗透到全体教师队伍中去，使学校形成以研促教的良好氛围。好教师不是自然产生的，而是长期培养出来的。校长不仅能够正确处理校园内的各种情况，而且应该具备培养优秀教师的能力。

（三）身心素养

教学领导的自身心理修养主要表现为应对挫折的逆境承受力，情绪自我调适能力，抵制腐败的自制力，知困自强的意志力等。在教学领导过程中，校长们总会遇到一些挫折、困难与诱惑，总会有失意不顺的时候，这就要求必须加强自身心理修养，保持乐观向上的积极心态，戒骄戒躁，时刻以饱满的热情，昂扬的斗志，坚强的意志，广阔的胸怀，宽容的态度，果敢的魄力，为人师表，以身作则，谦虚谨慎，团结带领全体师生员工为学校的繁荣发展而努力奋斗。同时，还得有善于甘当绿叶的精神，站在学校全局的高度，克服自私狭隘的心理局限，努力为师生员工的健康成长搭建平台，为学校的顶层设计出谋划策，做到知人善任，谦虚谨慎。

良好的心理品质，是校长不可缺少的一项基本素质，它不仅是校长不断前进的内驱力，也是实现和从事学校有效管理的必要条件。古人说：知人为聪，知己为明。一个明智的校长必须正确地认识自己，并努力进行自我修养，更新个性素质的内容，形成健全的校长个性。

管理一所学校，作为校长，应该有激情，有创造冲动，有不断挑战自我的成就动机。宋代著名学问家张载说过：志大，则才大，事业大；志久，则气久，德性久。没有大的志向不可能做出大事业来。只要你有梦想，你就有可能把梦想变成现实。如果你连梦想都没有，你就不可能圆你的梦。有梦想，很重要的一条就是要有信心。你要自信，你要相信自己的能力能把学校建设得非常辉煌。

校长的情绪色彩对师生影响极大，大事临头，校长如果表现出惊慌失措，则师生更是举棋不定，惶惶不安；如果校长暴烈急躁，则师生更是雪上加霜。反之，如果校长沉着、稳定、从容不迫，师生就有自信感、安全感，从而能自觉与校长保持着一种整体意识，同舟共济，奋力拼搏。

同时，校长要有强健的体魄，才能担负纷繁复杂的学校领导工作，才能挑起艰辛的培育下一代的重任。

（四）人文素养

校长要真正具有人文素养，则要在具有现代管理知识与专业素质之后，真正内化为对人的关怀，对人价值的尊重、生命的敬畏和尊严的珍视。学校教育就是做人的工作，校长要有人情练达的情商，通过深刻的人文理性和真切的人文关怀，引导教师成为一个精神世界健康发展的人。对于班子成员，校长要善于团结，知人善任，唯才是举，在信任上放权，在放权中信任，注意集聚班子成员智慧，发挥团队作用；恪守公生明，廉生威，倡导成员之间彼此尊重、相互依赖、真诚相待。校长必须经常深入教师中间，面对面交流、拉家常，倾听他们对管理、教学中的热点、疑点和难点问题的看法。工作上想教师所想，尽其所能为教师发展创造机会，提供展示平台，把教师冷暖挂在心上，需求落在实处。

讲人际关系的柔性与宽容，并不等于纵容教师工作中的消极和懈怠，校长还要讲管理的刚性，在严格要求中促教师成长。教师无小节，处处皆育人，像迟进课堂、课中接打手机，不使用规范教学语言，随意安排座位、提问学生有情感偏向等，这些看似是小问题，校长不能听之任之；有偿补课、变相向家长索拿卡要、诱导购买教辅资料等现象，即便是个别教师的行为或偶尔为之，事关行风建设和教育形象，校长不能掉以轻心，应当及时亮黄牌，闪红灯，促警醒，处理问题果断坚决，避免不良后果发生。大力推介在质量提升、关爱学生、科研有为等方面的典型人物，树立发展标杆，弘扬正能量。

二、校长文化素养的提高与丰富

（一）阅读提升文化修养

苏霍姆林斯基在《给教师的一百条建议》中说：要天天看书，终生以书籍为友，它充实着思想江河，读书不是为了明天上课，而是出自本能的需要，出自对知识的渴求。校长更要如此，只有在持之以恒的专心阅读中，才能不断提高校长的个人文化素养。这就是说，要提高人生修养，培养高雅的文化情趣就要读书。因此，校长必须日积月累地去读书，不断丰富自己的知识，努力使自己成为知识渊博的人。读书是提高文化内涵不可或缺的重要途径，这是大家都认同的道理。可是有的校长整天忙于事务、应酬，一年到头没有读几本书。作为校长，要挤出时间来读书，要对人类文化的各领域都有所涉猎。且不只是吸取民族、传统的文化，还要熟知外来优秀文化，适应现代文明，把握时代脉搏。不仅要读一些中外经典作品。也要阅读一些少儿报刊、图书。特别是教师、学生关注的书籍，校长更应该深入其中。这样，才能找到走进师生心灵的入口。通过学习、涉猎各类科学知识，改善自己的知识结构，提高自己的知识层次和理论思维能力。这也是校长决策的需要、有效管理的需要、成功创设校园文化的需要。

（二）写作提高文化修养

校长没有不忙的。学校的管理、教学、后勤、外交都在等着校长，让校长不敢怠慢，必得使出浑身解数。但如何做到工作有头绪、忙到点子上？这是每一位校长应深思的问题。我认为，校长坚持写作，会对工作大有裨益。坚持写作，能帮助校长科学决策。培根说：阅读使人充实，谈话使人机智，写作使人精确。经常坚持写作，可以保持思维流畅、推理精当，自然会对学校教育教学的准确决策产生正面、积极的作用。坚持写作，会提高校长的表达能力、演讲水平。校长要经常动用嘴功去调动师生的积极性、提高师生的主动性，这都要求校长必须有良好的表达能力和演讲水平。坚持写作，校长能练成敏捷的思维、积累丰富的词汇、积淀深邃的思想、锻造严谨的逻辑。这些都可以为校长的演讲提供助益。坚持写作，可以帮助校长提升工作效率、提升生活品位。在写作过程中修炼自己的操守、提升自己的境界，在键盘舞蹈里体验精神的慰藉、享受创造的喜悦。这不仅会增强成就感，而且使劳累的心灵得以放松、紧张的神经得以舒缓。坚持写作，能促进校长个人乃至整个学校教师的学习。许多校长往往业务太忙无暇学习，这对校长的自我发展及学校的发展都不利。百忙中的校长都能坚持写作，会影响和带动其他教师，在学校真正形成好的学风和校风。坚持写作，有利于校长落实学校的教研工作。教学科技含量要提高大家都懂，可有些学校为何难以落实？说白了怨领导、校长。如果校长带头搞，并不断有文章见诸报端。这种榜样作用无疑会促进学校教研工作的开展。坚持写作，能增强校长个人魅力，提升学校的品位。一个好校长就是一所好学校，而好校长不仅仅是外在的好，还应是内在的好，即有涵养。一篇篇享受自己、陶冶他人的好文章，无疑就是这个好的最好注脚。

（三）艺术丰富文化修养

苏霍姆林斯基说：只有当教师的知识视野比学校教学大纲宽泛得无可比拟的时候，教师才能成为教育过程的真正能手、艺术家和诗人。作为一校之长，知识渊博，才会遇事不慌，镇定自如地应付环境的变化，才会思维活跃、才思敏捷，透过学校工作的从容驾驭展示自己的创造性才华。高雅艺术对塑造人文素养和艺术修养，提高人们追求真、善、美有着巨大的作用。古今中外的一些大师往往与艺术有着藕断丝连的关系，或者因艺术而让其他事业更精彩，比如宋代的苏轼。现在大多数人只知道苏东坡是大文豪，当过大官，而知道其书法艺术成就也很高的人则不多，知道其画画得好的则更少；西方文艺复兴的三驾马车之一达·芬奇，只知道他创作《蒙娜丽莎》《最后的晚餐》等名作，是伟大的艺术家。殊不知其七弦琴拉得不错，首先是作为音乐家而不是画家在米兰出名的，其次还是伟大的科学家、医学家等，借助超凡的绘画才能，绘制诸多领域的研究手稿；我国航天之父钱学森，除了对航天科学表现出极大兴趣外，业余爱好是欣赏音乐和琢磨照相技术（摄影艺术），实际上对美术史论也颇有研究。鉴此，校长多学、多懂得艺术，对学校管理会有意想不到的收获。事实上，美育是贯穿于整个教育过程中的一种教育方法，它是更高层次上的素质教育，是心灵的体操、智育的风帆。有艺术细胞的校长，一定会办出一个美好的学校。

（四）思考深化文化修养

理念决定思想，思想决定行动，行动决定品格，品格决定未来。作为一个校长，他关系着一所学校的发展前景。学校的名誉、教师的荣耀、学生的发展，都与校长的办学理念、教育思想密不可分。因此，校长必须在工作中勤于思考，虑教育之大计，思育人之理念，想教学之策略，谋学校之发展。这就要求校长在理念上更新观念，在育人上不局限书本，在创新上不受限眼前利益。校长不仅要思考，而且要养成勤于思考、善于思考的习惯，同时要培养自己科学的思维方法，提高自己的思维判断能力。要有时代的敏锐性，最快地获得信息。随时对社会的发展和需求、对学校办学目标和方向，做出判断、决策，根据学校的特点，确定可持续发展的办学目标，发展具有学校特色的文化，共性基础上办出学校个性，让每项决策都具有前瞻性和深刻性。只有这样，他所掌管的学校，以及所带的群体，才会立于不败之地。

第二节　文化素养视野下的文化治校

小学是基础教育阶段，承担着为党育人、为国育才的基础工程，想取得良好的教育成效，很大程度上受学校领导者特别是校长的影响。要知道，人总是处于一定的文化之中，受一定文化的影响。校长的文化修养水平的提升，是文化治校的要求。

一、夯实基础文化素养

打铁还需自身硬。在这个多元文化交流与碰撞的时代，校长要想有效实施文化治校，更好地为师生服务，提高教育质量，自身须具备一定的文化素养。然而，文化要成为人的一种素养，则需要渗透到人的心灵，内化为一种精神，并转化为行为。可以说，符合时代发展要求，时刻心系师生的文化素养，并不是校长与生俱来的。校长良好的文化素养是在不断的学习、实践中形成的。

校长要想具备良好的文化素养首先要加强自身学习，通过不断的学习来了解先进文化的前进方向，掌握先进的办学思想和治校理念，把握其他非主流文化的发展态势及其影响，逐渐增强自己的理论涵养。需要强调的是，这里的学习不仅是指校长在家的闭关自学，更重要的是要走出去学习。其次要善于将所学的理论知识与本校的实际情况结合起来，探索出一条适切的发展道路。校长不仅要将这些理论知识付诸实实在在的行为上，更要通过全校师生发展情况来检验劳动成果。海纳百川，有容乃大。校长自身要有坚定的文化立场，还要有容纳其他文化的涵养；不仅要代表主流文化的前进方向，还要及时引导其他文化的良性发展，吸纳其他文化的有益成分为全校师生发展服务。只有这样，校长才能进行有效的文化引领，开展有效的文化治校，才能办好教育。

二、打造特色文化优势

当代社会竞争一定程度上是文化的竞争，只有具备深厚文化底蕴的学校，才能塑造出高水平的教师队伍，培育出一流的学生。通常越是名校，文化底蕴越厚，品位越高。如何让学校成为重要的文化育人场所，需要我们尽心打造。而校长，作为学校的主要负责人，理应发挥引领作用。

校长要努力培育良好的学校文化，并不断积淀，打造独有的特色文化，使之成为学校教育响亮的名片。在接手学校的起始，就应立足学校的实际，依据师生成长特点特别是学生身心发展的特点进行全局筹划，并且立足传统文化，用发展的战略思维，将时代要求、学校实际与办学思想统一起来，挖掘亮点形成独有文化。在具体的实施过程中，需全面关注地域文化、风俗、景观等影响因素，并在建设时结合地方文化的精华，使学校文化具有一定的地域特色；此外，校长应根据科学的办学思想、指导方针及自身的办学个性，立足学校的办学条件，考虑教师群体的文化素质及学生的实际状况，不断形成学校自身的特色文化，从而打造出自己的品牌，使得师生都能从中获得良好的熏陶和感染，进而保证师生都能得到良好的发展。

另外，校长自身的文化也是重要的教育资源。很大程度上，校长行为是学校行为文化的方向标。以校长为代表的校领导集体带有倾向性的行为示范，将会极大地影响学校文化的发展方向。之所以打造特色文化，并不是为了标新立异，而是为了更好地因地制宜、因势利导，为了更好地发挥学校独有的育人优势，为了一切学生的发展。

三、传播主流文化精神

在当今社会转型期，多种文化并存且相互交织、碰撞。此境下，价值观容易混乱，道德滑坡现象严重，人们的生活方式受到了前所未有的影响处于尤其是对于正长身体、长知识的学生来说更是如此。

如何让学生避免非主流文化或消极文化的不良影响，首先得让其认清非主流文化或消极文化的成因，如何对人施加影响，施加什么样的影响及其将来可能的发展趋势等，这些都需要学校的教育宣传。而宣传教育的顺利实施离不开学校领导者特别是校长的筹划安排及支持。只有师生特别是学生认清了这些非主流文化或消极文化的相关情况，才更利于我们传播主流文化，对其施加更好的正面教育。当然，对于非主流文化或消极文化中的有益成分，我们要积极吸取为我所用。一切有利于师生健康、顺利成长的东西都可以实行拿来主义，吸收、内化再运用。当今社会竞争激烈，人与人之间、国与国之间的竞争，都需要真正的实力去较量。如何发挥好学校教育的主导作用，如何让学生顺利地成长、成才需要我们学校提供利于其成长、成才的文化氛围。传播主流文化是学校教育的永恒使命。我们不仅要充分发挥学校物质文化的宣传教育作用，还要利用制度文化将学校的价值观念落实到方方面面，内化为全体师生的思想，成为全校师生员工浑然一体的自觉行动。更重要的是打造全校教职工的责任感、使命感和荣誉感，打造全校学生的进取意识、奋斗精神，形成与时代相契合的三观。并大力弘扬中华民族文化，开展有益身心的文化活动，以先进的思想武装学生，以正确的舆论引导学生，以优秀的作品鼓舞学生，以良好的环境熏陶学生，促使学生更好更快地成长。

校长要始终用好自己的权力因素，时刻观察、准确判断文化发展方向，并及时纠偏纠错，努力让学校的每一面墙都能发挥育人作用，让全体教职工都能发挥育人作用，一草一木都有利于学生的学习和生活。唯此，学校才能高质量培育出祖国需要的人才。

四、加强人本文化治理

文化治校是一种柔性的治校方式，是一种适情变通的人本化治校方式，更多地凭校长的职业能力和个人魅力产生影响，创造氛围，有利于调动师生的积极性、主动性和创造性。学校教育中，人是关键。校长要想更好地实施文化治校，必须重视人本文化建设。尊重每一位教职工，热爱每一位学生，不让每一个教师甘于落后，不让每一个学生甘于掉队。

（一）尊重每位教职工

百年大计，教育为本；教育大计，教师为本。没有良好的师资队伍就很难培养出优秀的学生。因此，促进每一位教师的成长、进步是校长理应承担的责任。尊重教职员工是充分调动其工作积极性、主动性和创造性的前提。

一个优秀的校长对学校任何一方面出现的问题都会勇于承担责任，并尊重每一个人；会努力打造一个良好的教职工成长环境，在学年伊始就对教职工赋予明确的期望值；时刻关注、乐于关注教职工特别是教师的成长，努力为其提供良好的学习、交流和钻研的平台及进修、继续教育和再深造的机会；了解那些力争上游的教职工，使其充分发挥先锋示范作用；让每一位教职工都能把自己会做的事情做到最好，不断培养优秀的教职工特别是优秀的教师，基于优秀教师的意见进行决断。作为学校的领头雁，校长特别要尊重教师的人格，关注教师需求，让教师有切实的获得感、幸福感，从而引发教师人格升华的内驱力，塑造教师敬业垂范的良好氛围。由于每个教职工都是不同的个体，基础不同、特长不同，都有自己发展的领域，要想实现每一个教职工都能自我提高，还需要校长为其搭建不同的舞台，并加以优化组合，扬长避短，优势互补，使每位教职工都能感受到成长，体验到成功。这样通过爱的传递，教育效果会更加显著。

（二）热爱每位学生

学校是学生重要的孵化基地，如何发挥学校应有的育人作用，是我们一代又一代教育工作者都在思考的问题。今天的学生是祖国明天的栋梁，我们理应热爱学生。

作为学校的主要负责人，校长更要以身作则，时时处处以学生为本、育人为本，而热爱每位学生则是其根本。只有心中有爱才能实实在在地为学生着想，想学生之所想，急学生之所急。要施行文化治校，校长须格外重视情商，推重柔性管理，多用精神鼓励（辅以一定的物质奖励），关注学生需求，塑造和谐、宽容、鼓励的情境，并适时表达关怀。用宽容的心态去对待孩子的每一次过失；用欣赏的目光去关注孩子的每一个闪光点；用喜悦的心情赞许孩子的每一点成功。作为校长，不仅要自己做到这点，还要全校教职工做到这点。学生可塑性大，只要我们热爱学生、关注学生，挖掘好潜能，每位学生都能成才。

五、营造学习文化氛围

在这个信息爆炸的时代，信息资源丰富，信息获取渠道多样。作为教育工作者，要想有效适应时代和社会发展变化带来的要求，需适时增加知识储备，更新知识资源，不断提高综合素养。作为学校的主要负责人，校长不仅要引导、激励广大教职工特别是教师不断学习，更要为他们创造一个开放、共享、自主的学习环境，激发他们的成就动机。同时，学校还需为教师提供更多的学习培训、交流研讨等提升机会，不断激发教师的学习热情、工作激情，始终保持良好的在线状态。当然，更要给学生提供一个良好的学习环境，营造一个和谐的学习氛围。这不仅需要校长利用自身的职责去创设一个利于学生学习的校园环境，更需要校长调动广大教职工特别是教师去营造一个和谐的班级学习环境，让学生在一个竞争、合作、有序的班集体中不断提升自己的学习能力，从而更好地成长、成才。

另外，校长也应注重自身学习，深化教材教法认识，能为教师提供适切的建议与良好的示范。这样，教师的学习劲头会更足，全校的学习氛围会更浓厚。

六、重视网络文化趋势

学生成长中特别是道德成长中，网络世界越发重要，由网络所构建的新的生活方式正影响着他们的认知、思维和情感。如何充分利用网络资源的有利因素为我们教育服务是这个信息时代教育工作者不可回避的问题。作为一名校长，要想办好学校，需注重网络文化，加强网络建设，建立校园博客，引导每个班级构建自己的班级博客，积极利用网络这个新载体的独特教育优势为广大教职工服务，特别是为教师和学生服务。不仅要加强校园网络建设，还要加强与同类学校、先进学校之间的网络联盟，从而更好地发挥网络作用，达到互学互鉴、取长补短，不断提升自身的教育质量的目的。

21世纪是信息时代，通过网络，我们可以方便地了解信息，把握信息，运用信息。教师不仅可以利用网络平台为自己的成长服务，更重要的是可以用它来影响学生、教育学生。远程教育、网络视频教学、网络博客等都是现今我们利用网络资源实施教育的很好载体。当然，凡事都有两面性，网络更是如此，我们在充分运用网络教育优势的同时，一定要防止它给师生带来的不良影响。这不仅需要校长率先垂范，更要发挥教师的榜样作用。学高为师，身正为范。作为教育者，我们不仅要从学识、技能上去影响每一个学生，更要以优良的文化给学生润物无声的教育作用。

一流学校靠文化，二流学校靠管理。文化引领对学校管理至关重要，如何在实际运用中有效发挥文化引领的作用，更多地需要学校领导者的智慧和行动。文化治校，校长的个人角色固然重要，但不能包打天下，只有与其他学校领导的通力合作，吸纳师生的良好建议，集思广益，群策群力才能更好地发挥育人作用。

第三节　校长的文化自觉与学校文化建设

教育是文化的传承，学校作为文化教育基地，承担着传播文化、繁荣文化、发展文化的神圣使命。文化既是学校育人工作的途径，也是学校工作的归宿，这是学校文化与企业文化和其他行业文化的区别之处，学校担负着文化的双重使命。发展学校文化是学校发展的必然途径和不二选择。任何拒绝平庸的学校都会打下文化的深刻烙印。校长的文化自觉体现在办学中有明确的发展思路、学校发展目标、教育价值观和发展愿景。把学校办成什么样，这涉及教育的价值取向，教育是价值引领和自主构建的过程，价值取向和发展愿景并不能通过行政权力或命令来达成，只能发自师生内心的认同。认同的目标才是可行、可为、能为的目标。

一、校长文化水平决定学校文化建设

校长是学校的领导者、管理者和组织者，某种意义上应是学校的精神领袖。一所学校的发展，也是校长智慧、能力及其教育理想一定程度的反映，优秀学校文化还会打上校长教育哲学观、管理哲学观的烙印。应该说，一所学校的学校文化与校长的人生观、世界观、人才观和教育理想是水乳交融的。优秀学校文化建设需要校长具有带出一股正气、带出一种精神、带出一支队伍的气度，具有将远见卓识与具体目标结合起来的才能，具有与时俱进、改革创新的精神，具有率先垂范、亲身表率的作风，具有对学校和师生员工发自内心的尊重与爱护的情结。

学校文化的核心是价值观，学校文化是以校长为圆心的同心圆，向外一圈圈地扩散，笼罩到每一个教职员工，让这些人都或多或少拥有和他同样的价值观。校长的兴趣是什么？做了什么？关注什么？倡导什么？都看在学校教职工的眼里，这些都传达着校长的价值观。例如，校长好教科研，教师就都爱学习；校长语言幽默，教师也跟着幽默；校长爱说假话，教师就心口不一。这些现象在我们的现实教育实践中常见。因为校长崇尚什么，就给予什么以支持，什么就得以生存和发扬光大，久而久之大家就会不言而喻，不振自鸣，形成相互理解的基础，就会形成相应的价值取向。就是说校长的文化统领作用是巨大的，这在诸多的学校当中都是显而易见的，从校长的角度可以这么说，学校文化是一个学校的校长在长期经营中形成、积淀、倡导的作风、行为方式及价值观念。

因此，从某种意义上来说，学校文化就是管理者的文化。可以说，有什么样的校长，就有什么样的学校文化。微软公司由于其创始人比尔·盖茨本人进取心很强，富有竞争与冒险精神，勇于进取创新，敢于冒险就成为微软公司企业文化的鲜明特点；而 IBM 公司的情况则相反，其创始人托马斯·沃森几乎为每一件事都制定了严格的规则，IBM 公司的企业文化特征就显得稳健和保守；

再如，蔡元培先生在北大提出了兼容并包、学术自由的办学思想，这也形成了北大的文化特点。由此看来，校长的价值观是非常重要的，学校需要有思想的校长带领大家去建设学校的独特文化。

在学校文化建设过程中，校长应该是设计师、推动者和管理者。

校长的以身作则是学校文化建设的关键，它关系到学校文化的真实性、有效性和持久性。如果校长口头上讲的是创新，可真实的思想和行动却是保守；提倡的是民主，实行的是独断；嘴上说的是求真务实，做的却是表面文章；讲的是尊师重教，行却是唯我独尊。这种理念和行为的脱节、言行的不一，长此以往，形成的便是文化的两面性，这种不良文化的形成，不但不能凝聚人心，反而会削弱学校整体的权威，导致集体成为散沙。校长所做的每一件事情、做出的每一个决定，实际上都起着引导学校文化建设发展的、不同于一般教职工所起的作用，这是每一位校长必须十分注意和重视的。

二、校长文化自觉的拓展路径

（一）文化层面的学习力

学习力是元能力，是校长众多能力中最核心、最本质的能力，是一切能力之母。问渠那得清如许，为有源头活水来，这取之不尽的活水，便是校长深厚学养和智慧的源泉。作为校长应有自知之明，有求知之欲，有好学之心，有奋进之志。

学习是一种生命的常态，生活里没有书籍就好像没有阳光，智慧里没有书籍就好像鸟儿没有翅膀。无限相信书籍的力量是我的教育信仰真谛之一。校长要成为终身学习的典范，做书的崇拜者，要是书迷，做杂家，板凳甘坐十年冷，文章不写一字空，厚积薄发，博观约取，不断提升自身的学识魅力、人格魅力和领导魅力。

校长要由经验型走向学者型，由常规型走向创新型，由实干型走向智慧型，不仅应是行政领导，更应该是业务领导，去行政化，重学术化。学校是知识分子的集合体，是用知识说话、用知识服人的地方，因此校长的学术影响力应大于校长的行政权力。校长的学习程度，决定着学校办学思想的深度，决定着办学水平及学校发展的高度，决定着教职工的拥护程度。

（二）文化角度的创新力

创新力是所有能力中最重要、层次最高的一种能力。体现的是对传统的大胆挑战，对方法的大胆探索，对现实的大胆超越。校长既不能做一个墨守成规的经验型庸者，也不能做一个毫无思想和主见而唯上级是从的行政型懦夫，校长要有独立思考的精神、创新精神和开拓精神。

当然，创新并非首创，而是将已有的事物引入新的领域，重新组合，进行新的阐释，寻求新的发展。思想、理念创新。校长领导学校，首先是教育思想的领导，其次才是行政上的领导。办学理念是学校发展的灵魂，是学校特色个性所在。建平中学、洋思中学、杜郎口中学、人大附中、北京十一学校等无不以自身独特的办学思想和教育成果，成为基础教育的旗帜和楷模。学校办学条件有差异，基础有好坏，但校长追求的一流办学理念却没有先后。

机制创新。制度衍生文化。制定制度的目的是解放而不是约束，是调动、鼓舞和激励师生的积极性，这是判定制度优劣的唯一标识和制定制度的终极标准。我们需要目中有人的制度。

文化创新。校园文化是发自内心的一种强大教育力量，是一所学校的个性特征和独特风范，是由他律走向自律、自觉的过程。制度触及不到的应由文化的力量来弥补。追求体现时代精神、教育模式、教学模式、管理模式、风俗传统的学校办学特色，是学校文化建设的根本。

（三）文化思维的组织力

校长的组织力就是妥善处理校内外各种人际关系，将学校所有的资源和力量组织起来，以维持并推动工作和谐、有序、有保障进行的一种能力。校长的组织力是由校长文化素养、道德修养、情趣涵养等多方面要素所决定的综合能力。衡量一个领导的才能应看他能否得力地组织大量人员，如何最有效地发挥每一个人的能力，并且使他们齐心协力，协调一致，或者说在多大程度，多大范围，给人以积极的影响。

知人善任，人尽其才，才尽其用，因人制宜，人事相适。人才放错了地方就是垃圾。

团队互补，使其各得其位，各展其能，各避其短，达到 1+1>2 的效果。成为乐队的指挥家，演绎出一曲曲高音与低音互补、深沉与高昂映衬、荡气与婉转并存的美妙音乐。

观其大节，忽其小略。用欣赏的眼光而不求全责备。

体验成就感。成就感、被赏识、工作本身、责任感、晋升机会、工资、奖励。只有被领导者成功，领导者才能成功。

建规立制，以人为本。人之三智，小智治事，中智用人，大智立法。三流的学校靠人治、二流的学校靠法治，一流的学校靠文化，小胜在智，大胜在德。处理好制度与人文的关系，处理好依法治校和以德治校的关系。

（四）文化视域的执行力

中国绝不缺少雄韬伟略的战略家，缺少的是精益求精的执行者；绝不缺少各类管理制度，缺少的是对各种制度不折不扣的执行。执行力，就是把要做的事情做成功的能力，它是一个组织的核心竞争力。

竭力而为与尽力而为。有了尽力而为，就有了避重就轻，就有了浅尝辄止；有了竭力而为，就有了全力以赴，就有了人间神话。

校长文化自觉体现在积极组织学校师生广泛参与，共同创造、发展和弘扬学校文化。教师是学校文化建设的主体，更是学校文化建设的直接传播者，他们通过课程与活动实现文化的传承与创新。因此需要增强教师对学校文化建设的紧迫感、使命感和对本校文化特色的自豪感，应积极发挥他们各自的能力和特长，壮大本校的文化，使之成为学校文化的主动建构者。

第十五章

管理修养

如何更加智慧地管理和运营，是校长应具备的管理思维与素养。校长管理理念是校长行为的指挥棒，正确的理念能让校长实施正确的行为，错误的理念将误导校长工作走上歧途。校长在理论研究和工作实践中牢固树立和恪守正确、科学和先进的理念，摒弃错误的、落后的理念，同时在管理实践中发现和形成新的、正确的理念，发展出现代化学校管理修养。

第一节　校长的管理修养定位

一个好校长就是一所好学校，其内涵诠释的是一个校长正确的角色定位，将引导一个学校稳定健康地发展。作为学校的行政和业务首脑，校长必须按照社会的要求，正确认识角色的自我，明确角色的身份，从而履行角色的权利和义务，在不同的场合，扮演好不同的角色，以满足社会和学校的热切期待。

一、有效的沟通者

善疏则通，能导则安。校长不能把自己看成是一个管理者，而要把自己看成是一个沟通者，主动走到师生当中去，在与师生沟通上下功夫、花力气、做文章。校长如果能把有效沟通融入到骨子里，能够和师生多交流，就能够及时掌握各种信息进行规划、决策，就能够及时发现和解决各种问题，就能够凝聚起全校上下的共识，管理目标自然就会落到实处。在学校管理中，作为一校之长，应和师生多沟通并充分发扬民主，鼓励教职工、学生及其家长及社会各界知名人士参与学校管理，博采众长，集思广益，让他们为学校的发展献计献策。只有多沟通和民主管理，才能使学校资源得到最大的发挥和利用。

可是，在现实中，不少校长受官本位思想的影响，把校长负责制理解成了学校家长制，大事小事都是校长一言堂，势必造成学校事无巨细，校长都得亲力亲为，一切都要等校长定夺，下属放不开手脚，遇事拿不定主意，甚至产生推靠思想。这样一来，造成校长高高在上，做事不民主，自己说了算，家长作风严重，越来越不能和教师打成一片、有效沟通，更不能听取教师的反面意见。校长在上面唯我独尊、发号施令，而教师在下面应付推诿、敷衍塞责，形成一马奔腾、万马不动的被动局面。只有真正和师生沟通，实行民主决策、科学管理，才能激发出广大师生工作学习的积极性，学校工作才会顺利开展。

二、忠实的服务者

作为一个学校的校长，不能视师生为制造分数、创造政绩的机器，而应该以人为本，更多地关注师生的内在需要，多和师生沟通、谈心，了解他们的生活、学习、工作情况，主动为他们排忧解难，不仅要做到锦上添花，更要做到雪中送炭，用真情感化他们，凝聚人心。

如果我们每一位校长心中有师生，真正爱师生，讲的是师生想的，干的是师生盼的，改的是师生怨的，全心全意为师生服务，就一定能够激发起全校师生向上的潜力、进步的欲望。大到教职工住房问题，青年教职工的婚姻问题，教职工的健康问题，小到教职工的孩子入托、天然气的输送等，都挂在校长心上，并尽力去办，让教职工感到家的温暖，体验到学校对生命的珍惜，对人性的善待，对价值的尊重。校长在教师心中，教师在校长心中，是校长智慧管理的重要法宝。

三、成长的激励者

学校要以管理为龙头，建立激励机制，增强目标意识，将任务逐项量化分解，横向到边，纵向到底，分工明确，落实到人，千斤重担人人挑、人人肩上有指标，形成群英云集、争相竞技的新格局。建立健全并严格执行相关管理制度，规范师生的日常行为，为公平合理评价每一位教师、每一个班级、每一个学生奠定良好的基础。

常言说，感人心者，莫过于情。在学校管理中，校长要做到政策暖人、感情留人、行动感人、管理激人。虽然学校管理需要制度作保障，但管理不能就管理而管理。教育是一个软任务，是以己心换人心的事业，在制度管理和行政约束的基础上，在具体的操作过程中，校长的情感引导可以发挥更大的作用。在管理实践中，有人情味的校长，表现出来的往往是更多一份关心、更多一份鼓励、更多一份宽容、更多一份赏识，调动师生的积极性，既让师生自己主动发展，更让学校持续发展。

四、师生的引领者

校长要管理好一所学校，不仅仅要有政策理论水平，更要有过硬的教学业务素质，这是让教师心服口服的重要指标。一个好校长除了在管理工作中熟悉政策法规、讲究管理艺术外，更重要的是在教学教研中施展才华，引领教师专业发展。这不仅是新时代校长应具备的素质，更是校长赢得教师信服、树立自身尊严的王牌。

校长是学校的一面旗帜，要努力成为教育教学业务的权威。校长要身先士卒，做一个热爱学习、精于业务的人，并能引领全校师生在学习中钻研，在钻研中学习，让书香在校园荡漾。校长要以书为友，模范地带领全校师生开展多种形式的读书活动，努力构建书香校园。校长不要只是忙于事务，更要抽出时间从书中汲取营养，因为只有读书才能让我们拥有博学和睿智。校长在业务上要做引领教师发展的专家，在学习上要做师生心目中的学者。只有这样，校长在人格上才会魅力四射，成为师生心灵的依托、精神的寄托、崇拜的偶像，也才能做教师专业、师生精神的引领人。

第二节　校长现代管理素养发展转型

以人为本是现代学校管理的一种基本理念，现代学校管理应从刚性管理向柔性管理转化，以民主型管理为主，在尊重教师的心理特点基础上，关注人、研究人、服务人、激励人、发展人、弘扬人，让教师有人身自由和心理目标追求。推动人的进步，重视人的成长，都是校长现代管理素养的发展转型的体现。

一、刚性管理向柔性管理转变

（一）融洽管理亲和化

校长与教职工关系应当体现平等、团结、友爱、活泼的原则。为此校长对教师的管理应当统揽而不包揽、果断而不武断、放手而不撒手、大度而不失度。这种管理的融洽性，能让管理者与教师心理距离拉近，让管理者与教师彼此间在无拘无束的交流中互相激发灵感、热情与信任，能起到维系人心、增进团结、实现学校教育目标的黏合作用。

（二）关怀管理人情化

学校管理，从尊重教师开始。尊重教师不单是关心教师的家长里短，更重要的是关心教师的前途和未来，既包括职称晋升、绩效工资、福利待遇等物质待遇，也包括教师外出学习的机会、工作得到认可的机会和得到发展的机会。校长具有人文情怀，能够吸引教师，从而产生凝聚力。

（三）容人管理真诚化

一所学校，师生少则几十几百人，多则几千人，在教学、学习、生活、交往中难免有不少不如意的地方，人与人之间总有磕磕碰碰，师生们总少不了有一些怨气。校长这个当家人，一定要有容人之量。校长对发牢骚的教师要主动向他们征询学校工作中的不足和意见，然后予以更正。校长只有用百分之百的真诚，才能换回教师对学校工作的齐心协力，才能使学校不断快速发展。

（四）开放管理自主化

校长要给教师职业自由权：允许教师在履行职责上享有学术自由，有资格对最适合于学生的教具及教法做出判断；允许教师在选择和使用教材、选择教科书及运用教育方法方面起主要作用；教师及教师专业组织应参加新的课程、教科书及教具的开发工作；任何监督制度都不得损害教师的职业自由权、创造性和责任；教师有权利对自认为不恰当的工作评定提出申诉；教师可以自由采用有助于评价学生进步的成绩评定技术等。给教师管理自主权，实际上就是让他们自己意识到自己成了学校的主人，从而能够更用心地工作。

（五）考勤管理宽容化

有的学校管理非常注重考勤，甚至达到严苛的地步，这并非合理的。由于教师工作时间和空间的非限制性，决定了教师工作环境的非限制性，家访、学习提高、搜集资料、科研教研等一系列教育教学的延续工作，都不是坐在办公室就能完成的。因此校长只有给教师工作环境和心理空间上一定的自由度，才能使教师的积极性和创造性得到充分的发挥。在考勤管理上，应多给教师一点宽容空间，即便教师考勤不合理，也应允许其进行说明，给其辩解机会，而不是一刀切，防止伤害教师工作的积极性。

二、制度管理向开发管理转变

新课程所要求的现代学校管理的核心应当包括两点：

一是看在某种管理制度下每个人的积极性和创造力能否最大限度地发挥出来，同样的教师，在不同的学校管理模式中，其发挥的作用和能力是不一样的；

二是看一个人在这种管理制度下是否活得有尊严和有价值，近年来这一趋势越发明显，教师感受到尊重，他们就会最大程度地努力去做好工作。

可见，校长对教师的管理，应是一种以人为对象的人力资源开发管理：要把教师当作重要的人力资源而非利用的对象。教师不存在经营和被经营的情况，校长与教师完全是一种建立在聘任基础之上的合作关系，从而实现以学校利益为共求点，达到校长和教师的双赢。

校长要为教师成长开发具有校本教研意识的研究环境。因此校长要启发教师，不仅要做一位识文解字的教书匠，而且要不断学习新理论，学习先进的教育思想和观点，不断更新自己的知识，并用写来表现自己的所见、所闻、所思、所感，用写来思考，这样教师才会更加主动积极地吸纳别人的成功经验，才容易发觉自身的不足，才能把握住时机找到提高自身教育教学能力的切入点。

三、物质管理向激励管理转变

目前，不少校长把对教师的激励管理简单地理解为物质奖励，在设计学校的教师激励机制时，往往只片面地考虑物质奖励措施，以钱为本，使教师管理退化为一种物质管理，从而使教师缺乏凝聚力，缺乏工作激情，没有专业发展斗志。要充分激发教师的工作主动性与创造性，校长必须走出以物质管理为本的激励管理误区。

导向中激励。校长在教师管理中要树立正确的激励导向。一是校长在教师管理中要强调公正、公平、理解、人道等正向价值观，并通过自己的努力去主动消除教师的恐惧、妒忌、憎恨等负面情感。二是校长对教师人才的奖励要物质奖励和精神奖励结合起来。

用人中激励。校长在教师管理中要树立正确的用人激励观。学校在用师原则上，要坚持任人唯贤、德才兼备的用人标准。树立文凭不等于水平，身份不等于资格，经验不等于能力，好人不等于能人，无过非英雄的用人思想，不重身份，重能力；不重资历，重实绩；不唯学历，重水平；不重经验，重激情；不重上意，重人格魅力和威信。校长这样来选用教师人才，才能激励与调动所有人的积极性。

报酬中激励。校长在教师管理中要建立科学的劳动分配激励机制。学校要在感情留人、政策留人、事业留人的前提下，深化教师人事分配制度改革，建立健全效率优先，兼顾公平的新型合理人事与薪酬分配制度，合理调控教师。让教师能够在政策范围内得到合理的报酬，从而保证其基本生活条件，提高其工作积极性与进取心。

进修中激励。校长在教师管理中要构建教师学习型激励组织。学校根据学校的发展规划和教师的实际情况，努力构建学习型组织，让教师在学习型组织中不断学习进修。校长要着眼于教师专业化成长，为教师制订切实可行的培训计划，使之能不断充实专业知识，提高驾驭课堂教学水平，提升研究境界，完善自身人格。

与物质管理相比，激励管理更具有灵活性，更能够激活教师队伍的积极性与主动性，从而有利于推动学校教育事业发展。

第三节 校长管理素养的培养路径

校长作为学校组织管理的领导者，应该不断丰富自己的管理素质，重视积累业务知识，具备识别人才、招纳贤才、科学育才和智慧用才的能力，加强教师自我激励、自我评价、自我调控和自我超越的意识，发挥自己容人容事的能力和组织协调的能力，增强集体内教师的办事能力，用丰富的素质实现学校的高效优质管理。

一、科学决策素养

校长工作的对象是教师，是知识分子。知识分子服理不服力。不能靠手中的权力和由权力而衍生的压力。靠理可以聚人，把教师团结在校长的周围，靠力可以拒人，使教师远离校长，使校长成为孤家寡人。在工作上，不能一人说了算，要民主，群策群力，调动群众的积极性，要多听取群众意见，博采众长。要解决各种复杂的问题，单凭个人的智慧和才能对重大问题做出科学决策是很难的。

科学的决策能力是校长素质结构中的关键能力。作为校长，指导思想要正确，工作要深入，态度要坚定，决策要科学。要善于综合分析，做到去伪存真，去粗取精，把握主流，分清主次，在做出决策时要根据客观实际，果断地科学决策。作为一位现代化学校的校长，要想把好学校这艘船的舵，就必须具备敏锐的洞察力和缜密的分析能力，能根据学校的实际情况和教育发展现状对学校存在的问题和发展的态势做出科学的预测，加强学校的目标管理。同时把学校看成一个整体，明了和掌握学校各个部分之间的相互依赖、相互制约的关系，清晰认识学校与教育界、社会及整个地区的各种经济、政治、文化力量之间的关系，并能充分注意到当下的有利因素和不利因素，在各个可能性方案中选择最优方案。

校长要能够制定学校的长远规划和实现当前目标的学期工作计划，并要求校长和其他行政领导相应制定出各主管部门的工作计划，围绕规划和计划，还要制定相应的有效措施。校长要有宏观指导能力，要当好指挥员，决策前谨慎，决策后大胆，目标要明确，要有前瞻性，工作思路要清晰，部署要及时。要讲原则、讲效率、讲方法。要把操作性放在重要的地位来考虑，不能人云亦云。

二、知人善任素养

校长在学校管理中思想政治工作要做到全面，多讲奉献精神，多讲典型，多表扬好人好事，树正气、压邪气，与同志要多交心，多谈心，以情感人，以情服人，以情动人，表扬批评都要与人为善，从培养造就优秀教师的角度去教育人、理解人，思想工作就有人情味。校长要根据本校实际，制定出切实可行的规章制度，做到有章可循，有法可依。

校长是学校的灵魂，要把大家紧紧地扭在一起，形成一个和谐的集体。对下层，任务要明确，要求要具体，指导要及时，检查要严格，评价要公正。校长对其学校的每一个教师的长处、短处、工作能力、个性特长、人际关系等都要了如指掌。这样，该谁做什么工作，安排在哪个岗位最合适，就能很好地把握，扬其所长，帮其所短，做到知人善任，人尽其才，使绝大多数教师能够在各自合理的岗位上，尽最大限度地发挥聪明才智，实现其人生价值。

三、协调沟通素养

学校发展，很大程度上受到社会大环境的影响。校长要引导大家团结一心、目标一致、密切配合、协同作战，使全校凝聚成一种合力，这样才能把学校办好。

教育的发展要靠社会支援，社会支援靠校长去争取，校长坐在办公室里等别人来支援是不行的，要走出学校，走向社会，广泛宣传，八方求援，要用极大的办学热情、高度的责任感、事业心去感化各级领导。校长应具有与社会各方面各群体的交往能力，这成为校长能力结构中不可缺少的重要方面。

第一，学会和政府沟通。中国大部分学校都是公立学校，接受政府的管理，我们的教育是党领导下的教育，因此获得政府的支持，是任何一所学校都不能缺少的。

第二，学校之间的沟通。一个良好的教育氛围，就需要学校与学校之间共同合作。在现代教育中，学校之间的交流与合作尤为重要，能够促进教学资源的共享与流动，从而推动教育发展。

第三，要与家长沟通。家庭教育对学校教育教学活动有支持作用，尤其是现代教育技术的应用，更要求高品质的家校互动。如在网课教学中，就需要家长的实时监督与帮助。

校长在校内和教师建立良好的人际关系，在外部要主动争得领导部门、社会和家长及时了解和支持，通过广泛的工作，使学校得到充分的承认，成为人民心目中的好学校。

四、科学管理素养

校长应结合学校实际，立足当前，着眼将来，以达到最佳实现教育培养目标。校长应科学地组建管理系统，建立懂政治、会决策、善管理的行政领导班子，逐步形成分工明确，各司其职、各负其责、各显其能、相互支持，团结一致的领导集体。组建师资队伍，建成一支思想进步、学科配套、学有专长、教有特色的师资队伍。建立健全，修订完善各项规章制度，制定切实可行的考核奖惩条例，制度的拟定要考虑必要性、合理性、科学性和教师劳动的特点，制度的贯彻应体现严肃性、强制性和自觉性，使教师言行规范、表里如一。

校长要注意激励教师，适时采用表扬和提高福利等手段来调动教师的工作积极性。校长还要从学校实际出发，注重学校文化建设，以独具特点的正确理念，凝聚人心，教育师生，激励斗志。

五、民主监督素养

一些校长权力很大，武断、专行、随意，这是事实。许多校长在民主测评上的失败、经济上的出问题，都与校长缺乏民主管理意识有关。重大问题和事关师生切身利益的事要通过校长办公会议、校务会议、教代会等共同研究后决策。互相通气而共同排除工作阻力和不利因素，更好促进工作。因此，民主决策对校长来说是甘甜而不是损失。在经费管理上，特别要求的是绝不设小金库，严守财经制度。同时要主动做好校本审计工作，并请上级审计、财政部门的同志来指导。校长要重视校务公开，大胆接受领导、教职工的民主监督。没有监督的权力是最容易产生腐败的权力。增强民主意识，实行民主管理，校长要时刻牢记在心。

一所现代化管理体系完善的学校，学校中每一级成员都能在其位、谋其政、行其权、尽其责、取其酬、获其荣、惩其误。校长、副校长及各级领导干部都要干自己职责内的事，既不能失职，也不能越职。校长不要放任，也不能代替下属的工作。校长放任就无管理可言；校长包办一切，自己既辛苦又伤下属积极性。校长就是校长，不能在大是大非面前没有主见和决断；校长只是校长，不能包揽学校一切工作。作为校长，只需要把握好核心方向，然后在合适的位子上安排好合适的人，做到人尽其用，激活每个人的积极性，让他们一起努力推动学校管理的完善与进步，要懂得善于放权才是明智的管理。